日月神示と新型コロナウイルスが告げる
ミロクの世は掃除から

覚浄 蓮尾尚信

今日の話題社

はじめに

いま世界を騒がせているコロナウイルスは、２００２年に中国南部広東省で発生したＳＡＲＳコロナウイルス（重症急性呼吸器症候群）、２０１２年に中東サウジアラビアで発生したＭＥＲＳコロナウイルス（中東呼吸器症候群）に次いで発生した３回目のコロナウイルスになります。

「歴史は繰り返す」と言いますが、今回のコロナウイルスはさまざまな意味において「過去の鏡」になっています。

「鏡」に関しては『日月神示《ひつくしんじ》』にもたびたび記されています。

終わりに、ことごと神国の、誠の鏡のとどろきも、みな三文字世のはじめかし

それでは、今回2020年に発生したコロナウイルスには、どのような特別な意味があるのでしょうか。

コロナウイルスを数字で表すと、コ＝5、ロ＝6、ナ＝7で567ウイルスとなります。

567は救いの神であるミロク（弥勒）を象徴する数字です。

ですから弥勒は釈迦入滅後56億7千万年後に下生《げしょう》するという仏教の所伝は、年代に意味があるのではなく、ミロクの数霊《かずたま》を伝えるものなのです。

また音韻《おんいん》的にミロクに数字をあてれば369となりますが、567も369も総和は18となります。

ですからコロナウイルスは『日月神示』が予言するミロクの世への転換を示しています。つまり2020年は、世界が完成形へと向かうはじまりの年になるのです。

このことは、太陽系第9惑星「冥王星《めいおうせい》」の運行軌道にも示されています。

冥王星は、「0《ゼロ》の星」と呼ばれ、宇宙の基準となる星です。

天球上に太陽が年周運動によって描く平均大円のことを黄道《こうどう》と呼び、その平面を黄道面と呼びます。

冥王星は、この黄道面から17度傾いて太陽の周りを回っています。

一方、太陽系は宇宙全体から観ると、冥王星とまったく反対方向に17度傾いた面で回っています。ですから冥王星は、17－17＝０となり、「０《ゼロ》の星」と呼ばれ、冥王星の運行軌道面が、宇宙の基準となるのです。

その冥王星の軌道は黄道面と2か所で交わっています。その一方を昇交点と呼び、もう一方を降交点と呼びます。

最近では、西暦１９３０年が昇交点、２０２０年が降交点にあたります。

世界経済を見てみますと１９２９年にニューヨークの株式市場で大暴落が発生し、世界大恐慌が起こっています。

しかし、この大暴落を底として、ニューヨーク株式ダウ平均は上昇に転じます。浮き沈みはありましたが、２０１９年11月には2万８０００ドル代と最高水準に達しました。

冥王星の軌道が黄道面と接した1930年は、株価が上昇に転ずる分岐点となったので「昇交点」と呼ばれているのです。

それでは、冥王星が黄道面に対して降交点にさしかかる2020年はどうなのでしょうか?

今回のコロナウイルス禍で、株価は大打撃を受けて大きく値を下げました。

いまリバウンドで浮かれていますが、これからの株価をよく見ておいてください。

1929年とは逆に浮き沈みはありますが、株価は「0《ゼロ》＝冥王星」へと向かいます。

つまり、資本主義経済の崩壊が起こるということです。

2019年11月の2万8千円が歴史的にニューヨークダウの最高値となり、決して元に戻ることはないでしょう。

ですから、「降交点」なのです。

さらに、『日月神示』は、ミロクの世の理想社会のへ移行は、火山爆発、地震、異常気象による自然災害の多発によって始まると警告しています。

雨の神、風の神、岩の神、荒の神、地震の神、よきにして、道満つるの常磐の富士の実りよくも、めでためでたざぞ

２０２０年を境に、地震、大雨、大風、土砂崩れなどの自然災害が多発し、最後は、富士山爆発です。

富士山爆発がどうして、「めでためでたざぞ」なのでしょうか。

それは日本の象徴ともいうべき「富士山」を爆発させなければ、日本人は目覚めないという警告なのです。

それではこの大難を小難に転じるために、わたしたちはどうすべきなのでしょう。

その答えもまた、『日月神示』16巻「荒れの巻」に記されています。

神の御言聞く耳　早う掃除一番ぞ。

神の警告を聞く耳をもつものは、早く掃除をすることが一番だという意味です。

筆者は、２００1年から自分自身の内面を観る作業を開始し、２０１0年1月に自分自身を完成させ、同時に地縛霊などが見えるようになりました。そこで、真言宗のお寺で9ヵ月間修行して、家にいた地縛霊二体を天使界へと導いたのです。

そして、それを機に、自分の住居をはじめ、親の家、妻の実家、鉄道の駅、神社仏閣、パワースポット、古戦場などを綺麗に掃除してまいりました。

その実践を紹介しながら、掃除の意義を論じたのが本書です。

重ねて警告します。

自分自身の内面を整え、完成させないかぎり、ミロクの世まで生き残ることはできません。

では、どうすれば、自分自身の内面を整え、完成させることができるのでしょうか。

それは掃除を通じてです。ですから「早う掃除一番ぞ」なのです。

筆者もまだまだ至らぬ点は多々あります。

これまで以上に掃除と浄化を実践し、皆さまともにミロクの世に向かって歩んで参りたいと思います。

覚浄　蓮尾尚信

目次

第1章　掃除原論

瞑想と掃除

わたしは真言宗高野山南院で得度《とくど》しており、僧名を覚浄と申します。

だから瞑想には一家言あります。

瞑想のコツはリラックスすることです。

心身ともに疲れていては、瞑想はなかなかうまくいきません。

疲れを癒すには、睡眠を取るとか、お風呂にゆっくり入るとか、極力休む方法をとるのが一般的です。

しかしその対極として、**「夜中にひたすら鍋を磨く」**という方法があることは、あまり知られていません。

「鍋を無心に磨く」は、一見「休む」とは、ほど遠い行為です。

しかし、鍋にこびりついたおこげをひたすら磨き続けるのは、無心になる行為であり、やがて己《おのれ》に貼り付いた数々の疲れの元が、鍋のおこげとともに払拭されていきます。

そして現われてきた鍋肌の輝きとともに、気がつくと自分も再生されているというアクティブな休息&ストレス解消法なのです。

実は瞑想にはこの**「夜中にひたすら鍋を磨く」**という方法が、いちばん効果的なのです。

しかし鍋は一家にそういくつもあるわけではありません。ではどうすればいいのでしょうか。掃除です。**無心にひたすら掃除をする**のです。

わたしはふだん、ひたすら座り続ける瞑想はしませんが、無心で掃除をしているとスッと瞑想状態に入り込みます。

そして掃除中にいろいろな閃きが起こります。

コーヒーブレイクならぬクリーンナップブレイクになるのです。

わたしにとって、祈りは日常的な行為ですが、**掃除によって瞑想した後は、格段に**

祈りの質が向上します。自分自身の心身が、整えられるからです。

掃除とはマインドフルネスである

数年前からマインドフルネスという言葉が話題になっています。

わたしたちは、今この瞬間を生きているようでいて、実はくよくよと過去の失敗や未来への不安をにとらわれ、心ここにあらずの状態にあります。

つまり、自分で不安やストレスを増幅させてしまっているといえます。

こうした状態から抜けだし、心を「今」に向けた状態を「マインドフルネス」といいます。

学問的にはマインドフルネスは、**いま起こっている経験に注意を向ける**心理的な過程と定義されますが、ひらたく言うと要は**心を今に集中する**ことです。

マインドフルネスを体験するためのもっとも簡単な方法が「夜中に鍋を磨く」、つまりひたすら掃除をすることです。

マインドフルネスを体験するのに、わざわざ教室に通う必要はありません。正座も呼吸法もいりません。ひたすら掃除をすればいいだけのことなのです。

掃除という行為は、いやでも心を「今」に向けさせます。

お寺での修行が掃除からはじまるのはそのためなのです。

掃除への目覚め

わたしが掃除に注目するようになったのは、少年時代にルーツがあります。

わたしは小学校から中学二年生ぐらいまでは、掃除が大好きな少年でした。

クラスの教室やプールの掃除はもちろん、小学校では野球部、中学校ではバレーボール部、陸上部に入っていたので、練習後のグラウンドの清掃、整備もよくしていました。

とくに陸上の走り高跳びの練習をする際は、整備を怠るとたいへんなケガに繋がるために、先輩から耳にタコができるほど「整備を怠るな」と言われたものです。

ところが、中学三年生の高校受験を境に掃除をしなくなってしまいました。

高校はサッカー部でしたので、練習場やグランドのトンボがけぐらいはした覚えがありますが、大学ではスポーツクラブに通っていたので、まったくと言っていいほど掃除をしませんでした。


サラリーマン生活は30年近くになりましたが、やはり上司に言われないと掃除をしませんでした。仕事が忙しいことを理由に「なぜこの忙しい時に、机の上を綺麗にする必要があるのか」と不満に思っていました。

そのため、上司から、「この件の資料を見せてほしい」と言われた時に、すぐ見つからず困ったことをよく覚えています。


そんなわたしですが、２０００年くらいから自分の内面について考えることが多くなりました。そして２０１０年に「己の本質は子どもの頃にある」と悟ったのです。

その際に思い出したのが、小学校、中学校時代の掃除好きの自分でした。

日常生活に悟りあり

そこでわたしはわが家があまり綺麗ではないことに気づき、まずは風呂掃除からはじめようと決心しました。

それも今まで歩んできた人生で学んだ真理を一つひとつ確かめるように使い、お風呂を最も綺麗にする方法を見つけていったのです。

するとどうでしょうか？

アインシュタインの相対性理論、数学のベクトル解析、幾何学、化学、意識を使った掃除などあらゆる真理が風呂掃除のなかに存在していることに気がついたのです。

それはわたしにとって「日常の生活に悟りあり」という仏教の教えが腑に落ちた瞬間でした。

空海の「おさづけ」にも、こういう一節があります。

御寶前《ごほうぜん》に両手を合せ、口に唱名念仏するのみが身語正《しんごしょう》の信心にあらず、また滝にかかるのみが行にはあらず、日々さずかるお仕事は大小上下によらず之《これ》仏さまより授かりたる菩薩の浄行なりと悟り、一事一物に対しても、報恩感謝の念を以て精進努力する之《これ》即ち身語正行者、真の菩薩なり。

要は仏道は何も念仏を唱えたり、滝行などの修行さえしていればいいというわけではなく、普段の生活、日々の雑事を仏さまより授かったお仕事として誠心誠意おこない、精進するように努力すべきだと言っているのです。その基本こそ掃除なのです。

浄化と地縛霊

さらにわたしは2010年1月に悟った時から、家に取り憑いている地縛霊などが見えるようになりました。しかし誰に話しても信じてもらえず、困り果てた末に妻の大学時代の友人である真言宗のお坊さんを頼って広島に行き、9か月間修行しました。そして家に戻り、地縛霊2体を天使界に導いたのです。

家に取り憑いている地縛霊ですから、家、土地の浄化が必要になります。家の各部屋の空間すべてを線香によって切り、『般若心経』及び六地蔵、薬師如来、弁財天、不動明王、愛染《あいぜん》明王の各真言、さらに光明真言を唱え、煙によって天使界へと導きました。この空間を切る浄化方法が霊体の掃除となります。

それから北は北海道から南は沖縄まで全国各地の神社、仏閣、山などを浄化して参りました。巻末にその主なものを列記しておきました。

中国の福建省、上海もまわりました。

そして世界に目を向けるようになり、東南アジア、台湾、フィリピン、タイ、ミャンマー、インドなどを訪れ、太平洋戦争で亡くなられた日本兵、日本軍と共に戦って亡くなった現地人、さらには巻き添えで亡くなった方々、および敵方で亡くなった方々を上げてきました。

アメリカ合衆国ニューヨーク、カナダ・モントリオール旅行では、9・11現場の浄化、自由の女神の広場の浄化、ナイアガラの滝の浄化をして参りました。

幸せを呼ぶ浄化

神社、仏閣を掃除して綺麗にすれば、天空と聖地が繋がり、宇宙エネルギーが降りてきます。神社についている神さまも綺麗になり、神さまの位も上がり、いろいろな局面で味方をしてくれるようになります。仏閣も同じで、仏さま、如来さま、菩薩さまが味方してくれます。

正に神さま、仏さまから愛される掃除です。

お墓も同じです。掃除して浄化すれば、先祖から愛される掃除となります。

さらに、地面を掃除すれば、地の神、八幡の神から愛される掃除となります。

また自宅だけでなく、さまざまな空間を掃除、浄化することは、その地の霊を天使界に上げ、この世の掃除になります。

たとえば、大文字焼き、焼畑の本当の意味は、煙によって、霊を天空へ導くことです。煙にはそういう力があるので、実は火事も浄化のために起こっているのです。

台風などの大風、大雨も同様です。実は自然現象にも「掃除」という面があるのです。雨は大気汚染、とくに原発事故で放出された放射線物質を地面に落とし、風で他の場所に吹き飛ばします。また地面や、地表近くに上がっているマグマを冷やし、火山噴火を防いでいるのです。雪も同じで、降るべくして降っています。

さらに、シンガポール、ミャンマー、インドなどのアジア諸国の例は掃除と政治、経済の関係をよく示しています。

シンガポールは町中が驚くほど清潔で、掃除の国として知られています。たばこを捨てると罰金刑になるほどです。一方で、驚異的な経済発展をとげ、今やニューヨーク、東京、ロンドン、上海と並ぶ世界の金融市場の中心地です。

またミャンマーは2000年くらいに訪れた時は、町が汚くて目を覆うばかりでした。それが、数年前に再び訪れてみると町が綺麗に変身しているではありませんか。そこで、ミャンマーの友人に話を聞いてみると政府が税金でごみの回収を始めたとのことでした。ミャンマーは、ちょうどその頃から経済成長が始まっています。

インドでも首相が変わって、税金を使ったごみ回収に力を入れ始めた頃から、ＩＴ産業を軸に経済が上向いてきたようです。

またフィリピンのドゥテルテ大統領は市長時代に、町を掃除して綺麗にしたことで大衆の心を捉え、大統領に登りつめました。麻薬の掃除にも力を入れているのは周知のとおりです。

このように掃除は単にその場が物理的に綺麗になるというだけではありません。それ以上のメリットを個人や家族、地域だけでなく天下国家にまで及ぼすのです。

コロナウイルスと掃除

いま世界中で新コロナウイルスが猛威を振るっています。

コロナを数字で表現すると567に変換され、369＝ミロクの世界の入り口に入ったことになります。

3＋6＋9＝18、5＋6＋7＝18、また順番をひっくり返せば7＋6＋5＝18、つまりすべて3×6＝18、同じミロクになります。

また空海が56億7千万年後に世界が変わると言っていた時が、世界人口が76・5億人に達したために、今の時代となり、その結果、世界人口が減りはじめ、膨張し続けた宇宙が縮小の方向に入っています。56・7、76・5も、すべてミロク（弥勒）になります。

そして369＝3×123（一：ひ、二：ふ、三：み）です。『ひふみ神示』（＝『日月神示』）にはミロク（弥勒：369）の世に至るまでに世界的な大激動があり、その始まりが2020年であるということ、それに対するわたしたちの備え方、そしてミロクの世界の完成形までが書かれています。詳しい解説は第5章で述べますが、同様の趣旨の予言は『日月神示』だけではありません。

冥王星の運行軌道から、今年は黄道面から見て降交点になり、すべてのものが下がり始めると予言されています。マヤの神官が使っていたツォルキン暦にも同じことが書かれています。

2020年を境に自然災害が、人々の生活基盤である経済に大きな影響を与えはじめ、2026年から2028年の間に地球規模で経済を破滅に導くというのです。

しかしこれは実は天災ではありません。私たち一人ひとりの行い、考えの集合体が原因で起こる人災です。だから私たちの備え方次第で対策することは充分可能です。今回のコロナ騒動は、世界的な大激動の始まりを告げていると同時に、まさにそのことを示しています。

現代人はすでに2回、コロナウイルス禍を経験しています。2002年中国南部広東省で発生したSARSコロナウイルス（重症急性呼吸器症候群）、2012年中東サウジアラビアで発生したMERSコロナウイルス（中東呼吸器症候群）です。したがって今回は3回目のコロナウイルス禍となります。

どれも同じ肺炎（呼吸器症候群）ですが、前2回は感染すればすぐに症状があらわれ、感染者の特定が容易でした。

しかし今回は自己免疫力の強い方は、症状が出ない場合が多く、感染者の特定が難しいという特徴があります。ですから、クルーズ船、ライブハウス、イベント会場や、競技場、特にイタリアではセリエAのサッカー試合会場で感染が広がったという経緯があるのです。

では3回にも及ぶコロナウイルスの流行は、人に何を伝えようとしているのでしょうか？

一つは、思いやりです。

疫病は自分が感染しないようにするのはもちろんのこと、他人も感染しないように配慮する必要があります。

これは自分一人がよければそれでよいという現代社会の風潮とは真逆の姿勢ですが、人は本来、相手を思いやる感情、思いやりをもっています。

それを発揮し、相手のことも考えて行動すること、もっというと聞く耳を持ちなさいということです。

参考までに、昔は「聞く」という文字は「聴く」と書かれていました。

「聴」を分解すると、「耳」＋「十四」＋「心」と書かれています。「十四の心の耳」で「聞く」と云う意味になります。漢字って凄いですね。

二つ目は、歴史はそこから意識的に教訓を引き出さないかぎり、過去が現在の、現在が未来の「写し鏡」となって繰り返されるということです。

そのことを述べているのが『日月神示』第十六巻「荒れの巻」の「神国の誠の鏡のとどろきも」という一文です。

コロナウイルスは、いま述べたように、すでに過去二回発生しています。これが「歴史は繰り返す」ということです。

今度こそ未来の写し鏡にならないように意識して、コロナウイルスの流行に対処したいものです。そのためには抜本的な変革が必要です。

それが三つ目の掃除です。現在、手洗いとうがいが感染防止のために呼びかけられていますが、これはいわば身体の掃除です。また感染者が立ち寄った場所の消毒、学童、保育園での子供たちの触れた箇所の拭き取り等が行われていますが、これも掃除に他なりません。

核心的には本書が述べるように日頃から掃除を徹底し、ウイルスの繁殖しにくい環境を整えることです。これを機にどれだけの人が掃除の大切さを自覚するかが、コロナウイルスの流行を繰り返させない鍵となります。

三つのメッセージは、コロナウイルスだけでなく、これからミロクの世に至るまで続く大激動を生き抜くための知恵です。

結論的に言えば、多くの人々が自分自身の意識と行いを改め、悟る必要があります。そしてそのための一番の手段が掃除なのです。

瞑想のところでもお話したとおり、掃除は雑念を祓い、自分の内面を浄化することに繋がるからです。

人の身体は意識をつかさどる脳を含め、宇宙の雛形《ひながた》たる小宇宙です。

掃除を通じて意識を清めていくこと、そして実際に身体を使って、その場を清めていくことは、あなたの運気を好転させ、自分だけでなく世界に平和と幸福をもたらします。それがミロクの世への道になるのです。

「レレレのおじさん」と掃除の哲理

アニメで掃除といえば『天才バカボン』に登場する「レレレのおじさん」です。いつもほうきをもって自宅前を掃いている彼ですが、「レ」を調べてみると、カタカナ五十一音の44番目の文字になります。

44＝4×11
4＝死：終わりの数字
11：10進法の11は始まりの数字

つまり、44は「始まり→終わり→始まり→終わり→始まり」を繰り返し、つねに始まる数字になるのです。

レレレのおじさんは「つねに掃除をしてください」と言っているのです。

また、レレレのレ＝４４４４４４の44です。

４４４４４４の44は、どの44を言っているのでしょう？

４４４４４４の44は、わたしたちが同時にいくつも存在しているという量子力学の「同時存在」の哲理を表しています。

また、レレレは、レが三つ繋がっています。

「レレレのレ」とは、同時存在とすべてが繋がっているという、深淵なる哲理を言っているのです。

第2章　アルキメデス掃除論

浴室の掃除

わたしの掃除研究は風呂からはじまりました。

古代ギリシア（紀元前２８７〜紀元前２１２年）の科学者アルキメデスは、風呂で湯水の重さと人の体重が同じ０《ゼロ》になる浮力の法則を発見しました。

わたしは風呂を綺麗にする方法をスピリチュアル、意識、陰陽論、夫婦論、アインシュタインの相対性理論、数学、幾何学、ベクトル学、化学などを使って、探し出していきましたが、風呂で科学法則を発見したアルキメデスにちなんでこれを「アルキメデス掃除論」と名づけました。

浴室にはいろんな形式があります。

たとえばわが家の場合、四面の壁は、前面と左面の二面がタイル、後面が出入口を含めアルミ製の枠組みとガラス、右面も同じでアルミ製の枠組みとガラス、床がタイル、天井がウレタン樹脂です。おおむね標準的な構造でしょう。

前面には、等身大の鏡が一枚とシャワー用の水、お湯の蛇口、左面には、窓が一つと鍵状の把手《とって》があります。

床はタイル貼りで、排水口があり、天井には蛍光灯が取り付けられ、この浴室の中にステンレス製の湯船があります。

タイルには垢《あか》が付着していました。

枠とガラス、天井、照明器具は、年末に大掃除をしていたせいか、それほど汚れてはいませんでした。

窓開閉用の把手は、鉄製ですがメッキが施され、色がくすんでいました。

問題は、等身大の鏡とステンレス製の浴槽と鉄製の排水口、築45年を経過した鉄筋コンクリート製の建物にある窓開閉用の把手でした。

鉄製、ステンレス製のものは、光り輝くようにピカピカに磨けば浴室全体がいっそう美しく見えます。鏡についても同じことが言えます。しかし最初は深く入り込んだ傷や汚れは消えないものだと思っていました。

ところが、ステンレス製の蛇口の傷は膜の層を削っていくと、見事に消えていきました。傷の一番底の層まで達すると傷を消せることにわたしは確信を持ちました。

そして浴槽を、時間はかかったものの綺麗にピカピカにすることができました。

掃除と「空」の悟り

ステンレスを磨いていくと虹状の美しい縞《しま》が現れてきました。最初は美しいからこれでいいかなとも思いましたが、じつはこれは油の層なのです。ですからわたしはあきらめず作業を続行し層を剥いでいきました。そして虹状の縞をも消すことができたのです。

これはステンレスがステンレスそのものになった状態です。

浴槽がまったくのステンレスそのものの色になる、これはすなわち『般若心経』が十六文字「色不異空　空不異色　色即是空　空即是色」で説いている空《くう》意識そのものです。

人間にあてはめると「人が魂そのものになること」「釈迦のように悟った状態」になることが「空《くう》」です。すなわち霊性の開顕です。

ここに掃除の霊的な本質があります。

わたしは後に公園の水飲み場の掃除によって、この空意識の重要性について確信を得るに至りました。

水飲み場はいっけん綺麗に見えますが、実はそうではありません。

請負の清掃業者は洗剤＝化学物質よって清掃作業を行いますが、清掃が終わったあとに洗剤を洗い流していない場合がほとんどです。そのために人々は透明な洗剤を通して水飲み場の敷石を見ることになり、いっけん美しく見えるだけなのです。

さらに前回の清掃作業で残った洗剤の層を拭き取らず、土埃の上にさらに洗剤を流して清掃するために、前回の層に付着した汚れがそのまま残り、それが何層にもなっているのが現状です。

右回り
右手
順方向
左手
左回り
順方向

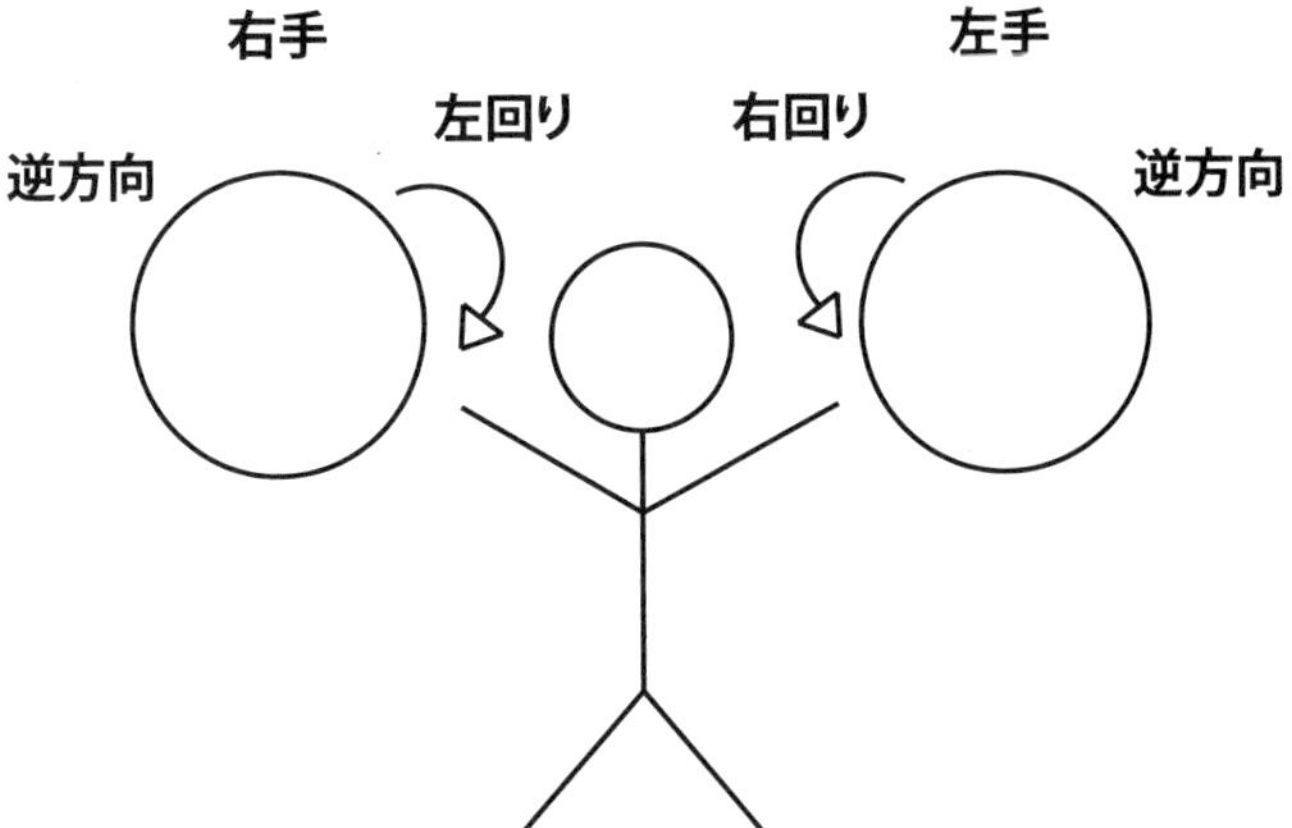
右手
逆方向
左回り
左手
右回り
逆方向

これは実際に水飲み場を掃除してはっきりとわかりました。

表面上は綺麗に見える部分をこすって水洗いをすると、化学物質の入った洗剤で掃除をしたまま、水で洗い流していないために、ドロ状の汚れが洗剤と共に溶けて流れ出すではありませんか。


公園を管理している事務所に改善するように申し入れても「いつも掃除を担当している会社に言っておきます」と返事をしながら改善はされませんでした。

実は、これがシックハウス症候群の原因になっています。

厚生労働省、県、市町村の関係者の方々を疑問視するしかありませんでした。


話を戻しますと、各人が表層的な美しさや、そう見せるための偽装に惑わされず、この空《くう》意識を理解し、素材そのものの色、美しさを取り戻す掃除をすべきだということです。

鏡の掃除と左旋右旋

鏡の表面は平滑でつるつるしています。そのため、鏡の傷や深く染みこんだような斑点状の汚れや曇りは取れないものだと思いこんでいました。

ところが、鏡にも沈着した層があり、その層を一枚ずつ剥がしていくと、最後には傷、斑点状の汚れ、曇りまでがすべて取れて綺麗になります。

ただし、鏡の表面の層一枚を剥がすのには相当の手間がかかります。

最初は、傷、斑点状の汚れを直接磨いていたのですが、それほど綺麗にはなりませんでした。そこで鏡全体の曇りを取ろうと全体を磨き始めたところ、傷も斑点状の汚れも直接磨いた時より綺麗になりました。

つまり鏡の表面の汚れた層を一枚ずつ剥いでいくと、傷も斑点状の汚れも消せることがわかったのです。
時間はかかりましたが、鏡は一点の曇りもなくピカピカに輝き、さまざまな物を美しく写しだすように変身しました。

鏡の掃除を通じてわたしは、どんな真理を適用すれば早く効果的に綺麗にできるかを試してみました。斑点状の汚れを対象に、意識、幾何学、相対性理論の観点からいくつか試してみました。

意識
いろいろ試してみましたが、対象に「綺麗になれ!」と命令するより、「綺麗な方が好きだよね」と優しい言葉をかけた方が効果が大きいようです。

幾何学
○:円を描くように磨くということは、螺旋状の動きを繰り返すことになり効果は大きいです。左旋右旋を交互に繰り返せば陰陽の原理が働きいっそう効果的です。これはレイキによる身体の調整法にも応用できます。

×：斑点状の汚れが×の真ん中になるようにして拭くと効果的です。

＋：斑点状の汚れが＋の真ん中になるようにし拭きます。×に比べると効果は薄いことがわかりました。

これは、数学のベクトル力に答えがあります。縦横に比べ、斜めの方がエネルギーが強く、真ん中の汚れを綺麗にするエネルギーも強く、よく汚れが落ちるということです。

相対性理論・陰陽論

アインシュタインは、相対性理論を光の速度や質量といった物理的な要素で説いています。これらは通常、誰が見ても変わらない、つまり「絶対的」なものだと解釈されます。誰が見ても「50センチのものさしは50センチ」「1秒は1秒」と思ってしまうからです。

しかし実際は観察者によって50センチの長さは変わるし、人によって1秒の感じ方は変わります。これが相対性理論の本質なのです。

「相対性」というからには、何かと何かを比較する必要があります。

つまり相対性理論というものは、必ず「○○から見ると、○○は、○○に見える」という比べる図式になっている必要があるのです。

わたしは風呂の掃除でも同じことが言えるとわかりました。

幾何学の原理、円の右回り、左回りの原理を使い、鏡の表面の傷、斑点状の汚れを綺麗にしていったのです。

右手で右回りは順方向、左手で左回りは順方向です。

いっけん右手、左手では動きが反対になっているように思いますが、実際にはどちらも順方向なのです。つまり相対になっており、正しく相対性理論になっています。

この右手と左手の動きを合わせた時に一番綺麗に汚れが落ちていったのです。これを順方向相対性理論と呼んでいます。

次に、行ったのが逆方向相対性理論の実験です。右手で左回りは逆方向、左手で右回りは逆方向、逆方向、逆方向は同じとなります。右手で左回りは陰陽、左手で右回りは陽陰となり、正しく相対性理論です。このことを逆方向相対性理論と称します。

この順方向、逆方向相対性理論を、右手、左手と合わせ繰り返すことで鏡を効率よく磨くことができたのです。

鏡の掃除でこの相対性の哲理を悟った少しあとになって、たまたま『日月神示』を開いたわたしはあっと驚きました。第1巻第三帖でした。

よごとは神、何も上下ひっくり返っているから、わからんから、神の心になれば何事もわかるから、鏡を掃除してくれよ

とあったのです。

この鏡は心の鏡という意味に一般的には解釈されますが、それだけでは机上の観念論です。実際に鏡を磨くことで神の心になり何事もわかる悟りを実践的体験的に得ることができるのです。

どうか皆さまも風呂場の鏡を磨いてください。


ちなみに水泳もすべて相対性理論に基づいています。

クロールは、右手が前にいくと左手は後ろに、息継ぎも、左右交互にすることでバランスが保たれます。

平泳ぎは、右手を右周りに、左手を左周りに回して、右足は右斜めに、左足は左斜めにけり出します。

まさしく、順方向相対理論で構成されています。

ステンレスの「空」とは?

鏡の掃除で層を剥がしていくと傷が消えることがわかったので、どのように層を一枚ずつ剥がすかを考えました。

ステンレスは非常に硬い合金のため、同じ硬度のもので剥がすのが一番効果的です。「ステンレスはステンレスで制す」です。

ステンレスにとってはステンレスが空。土にとっては土が空。草があってはいけないのです。

それで浴槽をステンレス製たわしで磨いたのでした。

磨いていくと油のような光沢が出てきますが、この光沢を通り越すと本当のステンレスの美しさが現れます。

こうしてピカピカに光ったステンレスの美しい浴槽が現れたのでした。

この時も、幾何学の○、×、＋の原理、順方向相対性理論と逆方向相対性理論を駆使しました。

タイルの掃除

基本的には、歯ブラシを使いました。例えば、順方向、逆方向相対性理論、幾何学の○、×、＋の理論などを繰り返し使い綺麗にしました。

排水口の掃除

排水口には、鋼鉄製の管、円筒型の蓋が使われており、何年も本格的に掃除されておらず、表面にはドロドロしたカビ、汚れが付着し、管は錆ついていました。カビ、汚れは簡単に落とすことができましたが、錆は長年管を磨いていないために、層をなしており、当時のわたしの気、意識、理論ではなかなか綺麗にできませんでした。

そこで化学物質の力を借りることにしました。

最初はその場にあるシャンプーで試してみましたが、まったく効果が見られませんでした。

そこで、鉄という鉱物を調べてみました。

自然界の鉄（Ｆｅ）の成分には、若干Ｃ（炭素）が含まれています。

鉄鋼の世界では、Cの含有量によって鉄、鋼鉄、鋳鉄に区別しており、鉄はCの含有量が約〇・〇二％未満、鋼鉄は〇・〇二〜二・一四％、鋳鉄は二・一四％を越えているものを表わしています。Cが増えると、硬くなり表面はツルツルになりますが、粘りが弱くなって折れやすくなります。

自然界の鉄は酸化が進むと酸化鉄となり粉々になり、形が無くなってしまいます。鋼鉄は合金のために酸化しづらくなりますが、表面にカビなどの汚れなどが付着し、その下の酸化された層と層の間に茶色い汚れを幾層も形成します。

やはりステンレス製のたわしを使い、この層を一枚ずつ剥がしていく作業を始めました。作業は困難を極めました。層を一枚ずつ剥いでいきましたが、昭和三十九年築の建物のため、四十年以上の汚れが各層に付着し、表面をピカピカにすることは断念しました。しかし、できる範囲で綺麗にしました。

さすが鋼鉄と、改めて鉄腕アトムの凄さを思い知ったのでした。

やはり綺麗に保つには、円筒型の蓋の表面にメッキをすることです。

ガラス、サッシ

サッシは、アルミ製で表面はビニールのようなものでコーティングされており、柔らかいスポンジで十分綺麗にできました。

ガラスは、風水でも言われていますが、透き通るようにすれば、いろいろな綺麗なものが入ってきます。逆に言えば汚れていれば、汚れたものが入ってくるということです。

わが家の風呂のガラスは、透かしガラスになっていました。しかしやはり裸体が見えては恥ずかしいものがあります。とくに、妻と娘二人の女性上位のわが家では透き通ったガラスは使えませんでした。

窓のまわりのサッシは、アルミ製でした。

アルミは、肌理《きめ》が細やかなために傷をつけるとやっかいですので、スポンジなどを使いました。

肌理《きめ》が細やかということは、空気などの遮断ができます。ですから、外気との遮断が必要な窓のサッシなどで使われているのです。

さらに、皆さんがよく使うウェットティッシュの包みもアルミ製です。ウエットティッシュには、特殊な溶液が入っており、外気の異なる成分が入ると、ティッシュとして機能しなくなります。そのためアルミ製の包みを使い外気を遮断しているのです。

ガラスについては、前に述べました。

鍵状の把手は、ひと昔前のもので、鉄製の鍵に銀色のメッキがされていましたが、元素までは把握できませんでした。

鉄と銅

余談になりますが、周期表にある元素の中で、シルバー系の色でないものの方が稀なのです。ですから、金、銅がもてはやされるのです。

住友の別子銅山や足利の鉱山をみればわかりますが、銅は金と同じところに存在するので「金に同じ」と書くのです。一方、鉄は「金が失われる」と書きます。これは

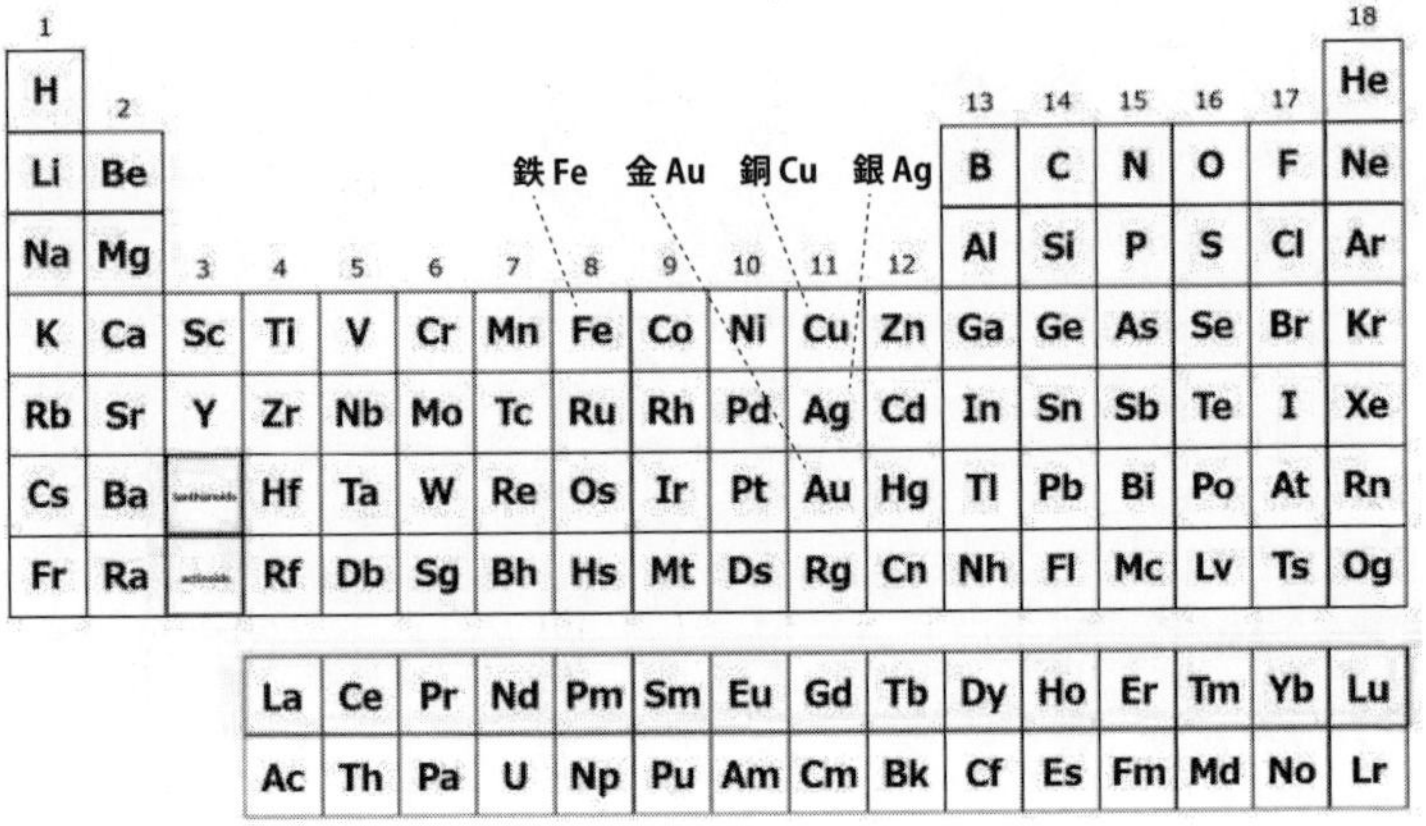

1																	18
H	2											13	14	15	16	17	He
Li	Be				鉄Fe	金Au	銅Cu	銀Ag				B	C	N	O	F	Ne
Na	Mg	3	4	5	6	7	8	9	10	11	12	Al	Si	P	S	Cl	Ar
K	Ca	Sc	Ti	V	Cr	Mn	Fe	Co	Ni	Cu	Zn	Ga	Ge	As	Se	Br	Kr
Rb	Sr	Y	Zr	Nb	Mo	Tc	Ru	Rh	Pd	Ag	Cd	In	Sn	Sb	Te	I	Xe
Cs	Ba	lanthanoids	Hf	Ta	W	Re	Os	Ir	Pt	Au	Hg	Tl	Pb	Bi	Po	At	Rn
Fr	Ra	actinoids	Rf	Db	Sg	Bh	Hs	Mt	Ds	Rg	Cn	Nh	Fl	Mc	Lv	Ts	Og

	La	Ce	Pr	Nd	Pm	Sm	Eu	Gd	Tb	Dy	Ho	Er	Tm	Yb	Lu
	Ac	Th	Pa	U	Np	Pu	Am	Cm	Bk	Cf	Es	Fm	Md	No	Lr

金の輝きがなくなっているということです。

ちなみに周期表において鉄と銅は対照的な対になっています。

銀はシルバー色で鉄と似ています。金偏《かねへん》に良の上に点がない字を書きます。周期表では金と銅のあいだになります。電気伝導率からいくと銀がいちばん高く、その次が銅になります。金は柔らかく物理的特性としてとくにすぐれているわけではありませんが、錆びないので重宝されます。

キッチンの換気扇

風呂場の掃除を通じて、家庭でも水まわりの掃除が厄介なことに気がつき、次に台所の掃除に移っていきました。

台所には、ダイニングキッチンのセット、換気扇、食器棚、食器、鍋などの調理器具、冷蔵庫、電子レンジがありました。

ここで一番手こずったのが換気扇ですが、気がついたこともたくさんありました。

換気扇は、油ものの料理を作るために、油がベットリとこびりつき、埃もたくさん付着していました。この換気扇というフィルターを通して、台所に汚い油とほこりを含んだ空気が出入りしていたのです。そこで換気扇を徹底的に磨きあげました。

毛髪と霊

ダイニングルームには、ダイニングテーブル、椅子四脚、テレビなどがありました。

一番印象的だったのは、以前から年に一回、床のワックスがけをしていたのですが、当時は仕事が忙しかったせいか、前のワックスの層を剥がさず、その上にワックスをかけていたようで、その時の層の汚れがそのまま封印されていました。しかもそれが毎年ワックスがけをしていたために、何層にも重なっていたのです。層を一枚ずつはいでいくと、妻、娘二人の髪の毛がたくさん出てきました。女性は長髪の方が多いので髪の気がたくさん落ちるようです。

わたしは悟ってからいろいろな所を掃除して参りましたが、男性の髪の毛はあまり見かけませんでした。これは、横浜市日吉駅のロータリー、道路を掃除していた時にも、女性の髪の毛がたくさんあることでも確認しています。

人間の髪の毛は燃やさないとなくなりません。その場所に残る髪の毛の集合体が霊になってきますので要注意です。髪の毛が伸びる人形というのがありますが、すべてこの理《ことわり》によるものです。

抜け落ちた髪の毛がワックスの古い層に集積していたということは、わが家には、妻、娘二人の生霊《いきりよう》の影響が凄く強かったということです。これは生者にとってはあまり良いことではありません。ですからこれを除去するのも掃除の大事な一環です。

気功と掃除

わたしは2002年から気功をはじめ、今でも実践しています。

はじめた当時は、会社に勤めていたため、気功ができるのは、昼休みに15分程度と休日だけでした。休日に恩師である気功師の講習会があれば、日本のどこであっても出向き、修練に没頭したものです。

勤めていた会社には、次の職業に就くために、2年間給料が減額されるもののボーナスが支給される制度がありました。その制度を利用して、自分自身の意識改革、日本全国と世界、特に東南アジアの浄化、そして気功の実践の三つを目的に世界中を歩きました。

その頃には、恩師である気功師から、人に気功を教えてよいと言われるくらいになっていました。

わたしは当時住んでいた家のそばの公園、神社、仏閣で、いろいろな種類の気功から自分自身の身体にいちばん合うものを選び出し、毎日実践しました。

この時に気功でもっとも難しいといわれる、立禅を五時間ぐらい修練したこともあります。この立禅で、手の印《いん》を変えることにより、自分自身の身体に流れる気が変わることがわかり、修験者や仏教の高僧が組む印の意味がはじめてわかりました。さらに、仏像の手の形などの意味もはっきりと理解できました。

参考までに掃除に関するエピソードを一つ紹介します。

以前、千葉の気功の先生がされている料理教室に通っていたことがありました。

仕事が忙しく何年か通うことを止めていたのですが、ある時お誘いがあり、出向きました。そしてフライパン、ステンレス製の鍋が真っ黒だったので、ピカピカに磨き上げたのです。

最初は「布巾《ふきん》が真っ黒になるからもったいない」と言っていた参加者の女性も、あまりに綺麗になったフライパンと鍋を見て、「二、三枚の布巾はしょうがない」と言いました。

その女性が「蓮尾さん、何を使ってそんなに綺麗にされたんですか？」と質問をされてきました。わたしは「気です」と答えました。

今ではわたしの身体の使い方の基本は気功です。

気功とは、身体の筋肉の力を使うのではなく、丹田《たんでん》（へそ下三寸）のエネルギー、生命エネルギーを使って身体を動かすものです。

実は、掃除機も丹田のエネルギー、生命エネルギーを使ってかけると無駄な労力をかけることなく、綺麗に効率よく掃除をすることができます。

気功で掃除をすれば効果は抜群です。中国では気功は国家秘密になっています。その中国のある老師は生活気功ということを言っておられます。生活の動作をすべて気功で行うのです。

気功で身体を使う基本は、丹田に球がある、あるいは腰全体が楕円であると観想しこれを動かすことです。

ダンスと気功

ダンスも功気を使えば、無駄な労力を使わずに、とんでもない踊りを披露できます。日本、世界を歩くうちに、縄文の踊り、おかめひょっとこ踊り、安来節、黒田節、南京玉すだれ、ベリーダンス、ジャズダンス、ポールダンス、インドネシアのチェゲ、火の踊り、タイの踊り、火の踊り、フィリピンの木の刀踊り等を気功で会得しました。アメリカのニューヨークはハードロックカフェでは、1人で前に出させられ、ジャズの演奏で踊り、終わった後に水のみ場の鏡の前で汗を拭いていたら、美しい若い女性から声をかけられました。

フィリピンの山奥では、木の刀の踊りを子供たちに教えました。タイのリゾートで踊っていたら、映画でよくあるダンス対決を挑まれ、やり合ったこともあります。六本木、銀座、渋谷などのクラブでも踊りました。

あらゆる舞踊の身体の動きは、丹田エネルギー、生命エネルギーの使い方にかかっています。

さらに腎臓や肺などの臓器に丹田をもっていく方法や、自分の細胞のなかを見る方法などがありますが、これには実践指導が必要ですので、希望者がおられればセミナーを開き伝授していきたいと思っています。

第3章　掃除と災厄

家の掃除とその一族の因縁との関係性

掃除はわたしたちの身に降りかかる災厄、災害と密接な関係があります。これには霊的な要素と物質的な要素が絡んでいるので、それを正しく把握する必要があります。たとえば多くの日本人は、親や祖先からいただいた家をろくに掃除もせずに、ぞんざいに扱っています

一族の因縁は、住んでいた庭を含む家、生活に使っていた物、文房具、衣服、寝具、食器や食器棚、冷蔵庫、調理道具、テーブルと椅子、洗面台、トイレ、風呂の道具、居間で使っていたテレビ、応接セット、洋服ダンス、本棚、特に女性は化粧品、化粧道具などに宿ります。またとりわけ注意が必要なものに神棚と神具、仏壇と仏具などがあります。

そして皆さんがいちばん忘れているのが、家庭の空間です。

とくに両親の寝ていた部屋や、よくすごした場所、そして出入口、玄関、裏口（勝手口）といった空間が重要です。その空間に両親の霊は、いらっしゃいます。

たとえ親しんだ父母といえども、その霊が家の中にとどまるのはよくありません。きちんと掃除し、両親の霊を供養して天使界にお上げし、家を空《くう》の状態にしておく必要があります。

自分を取り巻く空間が空の状態にならないと、本当の自分自身になり、本来の力を発揮することができません。

自分のルーツであり、縁のあった空間をきちんと掃除、整理、整頓することが大切です。

なお、具体例を第6章の「掃除と健康の関連性」に記載しましたので、そちらもご覧ください。

火山噴火、地震と掃除の関係性

近年、多発する天災、自然災害が本当は人災であるということはすでにお話ししました。これらが今のまま多発し続けると、水、食料の不足にもとづく、食料価格の高騰や飢饉を招き、社会と世界経済の崩壊を招きます。首都圏の関東平野では四千三百万人の人々が生活していますが、供給元からの輸送が止まれば三日で食糧難となってしまいます。

悲劇的な未来を食い止めるために、自然災害の発生が人の意識と絡んでいることに注意を向けたいと思います。

古くからの日本のことわざに「地震、雷、火事、おやじ」というのがあります。これが実は読んで字の如く、おやじが怒る（起こる）と地震、雷、火事がよく起こる（怒る）という意味なのは、ご存じでしょうか。

地球は海70パーセント、大陸30パーセントで構成されています。そして人の身体の成分も水分70パーセント、その他30パーセントです。つまり人体は地球とよく似ているのです。実は地球は人の身体の集合体でできているのです。

ですから、おやじが怒ると地球のマグマ、人間でいえば血が噴火口である頭に昇ってきて、湯気を上げ、行き過ぎると火山が噴火します。

そしてマグマが噴火口まで昇ってくることで、火山性地震も誘発します。また稲妻が響き、山火事が起こり（怒り）ます。

つまり人である「おやじ」の怒り、意識が地震、雷、火事をひき起こしているという事です。

実際は後述の環境整備や「天地合一」のバランスなども絡んできますが、人の心の状態が天候や環境、自然現象をも左右するのだということは覚えておきましょう。だからこそ、自らの意識を整え、他者をも幸せな気持ちにする掃除が大切なのです。

２０１０年1月、わたしはある面、悟った時から、ありとあらゆる所の掃除を始めました。そのひとつは鉄道の駅で、ＪＲでは、奈良駅、桜井駅、大神《おおみわ》神社の下車駅である三輪駅、大阪の秘密が隠された天王寺駅、大阪地下鉄谷町線谷町九丁目駅、大阪地下鉄新御堂筋線緑地公園駅、千里中央駅、関東は総武本線本八幡駅、秋葉原駅、千葉駅、東海道線川崎駅、茅ヶ崎駅、寒川神社の下車駅である宮山駅、東急東横線日吉駅、武蔵小杉駅、渋谷駅、京王井の頭線新代田駅、明大前駅、京王線代田橋駅などです。

ＪＲ奈良駅を清掃していた時には、駅の助役の方が不審な面持ちで来て、「何をしているのですか?」と質問されました。

「駅が汚いから掃除をしているのだ」と答え、「奈良は、日本を代表する観光地。世界の方々に、ほこりだらけの奈良駅を見せてよいのか」と言うと、すごすごと戻っていきました。

この一件で助役の方が気づかれたのでしょう。その後、奈良駅がすみずみまで綺麗にされていたことには、感心しました。

世界中から訪れた観光客の方々に、美しい奈良駅を見せることができたことが、わたしの幸せです。

このように、掃除で人を喜ばせると、地球も喜びます。そして自然災害を防ぎ、理想的な天候、環境を招くことができるのです。もちろん、そのためにはわたし一人でなく、多くの人がもっと掃除に意識を向ける必要がありますが。

皆さん、掃除を実践してください。

ご自身の、そして日本と世界の平和は、身のまわりの掃除から始まります。

山は誰が守ってきたのか

近年、天災の被害にあった方を多く見受けます。しかし繰り返しになりますが、これは本当は、自分自身の問題、人間の問題で起こっている人災です。

これは人間の意識の反映というだけでなく、人間が環境整備、つまり自然の掃除、整理、整頓を怠っているせいでもあります。

たとえば、台風による大雨で山の木が倒され、その木が土石流と共に流れてきて家を押し潰し、倒壊してしまうケースを考えてみます。

この大雨で倒された木は、もともと山には必要がないから倒れたと考えることはできないでしょうか？

昔は樵《きこり》が山に必要のない木を間引き、残された木を大木に育て上げていたので、大雨が降っても、その根が雨水を吸い取り、麓に流れてくる水量はおのずと調整されていました。

つまり災害で流れてくる木は、昔だったら大雨が降る前に、すでに切り倒されていたはずの木なのです。

山を荒れ放題にしたのは現代の日本人ではないでしょうか？

早急な山の掃除、整備、整頓が求められているということです。

実は江戸時代にも、同じ過ちを犯した先例があります。

かつて三重県熊野本宮大社は、熊野川の中州にありました。ある時、大雨が熊野地方を襲いました。しかしその大雨の前に、都の神社を建て直すための材木として、本宮の熊野川上流の山の木をたくさん伐採していました。そのため大木の根が雨水を吸い取ることができず、大量の雨水が熊野川に流れ込み、本宮大社の建物が倒壊してしまったのです。

現在の熊野大社本宮の建物は、熊野川の中州ではなく、その上の山側に鎮座しています。元の本宮跡は、近くの川べりにあります。こちらの方が、実は地のエネルギーが非常に高いのです。熊野本宮大社を訪れる機会のある方は、ぜひとも行ってご自身で体感してみてください。

また昔は山を綺麗に整備していたので、土砂崩れが起こりにくいだけではなく、四季おりおりの草花が咲き乱れていました。

枯葉や不要な枝などが掃除されていたために、山から流れ出るふんだんにマイナスイオンを含んだ水は、透き通った綺麗さを保ちながら、穏やかに河に流れ込み、湖や沼に注ぎ込まれ、海へと運ばれていました。

その結果、国土は美しい河と海に囲まれ、たくさんの種類の魚介類が生息していました。そして山には猪、鹿、熊、狼などの獣類が住み着き、人間はその獣、魚から糧を得て、毛皮は寒さ、怪我を防ぐために衣類として使われたのです。

また人々は、必要のない木を間引くことで、果実を多く実らせ、間引いた木を住まいの木材に、果実を食糧にあてていました。当然、果実は獣にとっても糧になるため、人里まで食べ物を求めて下りてくる必要はありませんでした。

山、川、平野、海、すべてを綺麗に整備していた昔の日本は、衣食住に必要な食べ物、水、衣類、住み家はすべて自然に循環していたのです。

それが今では食料自給率37％です。農民、樵、漁師は老齢化し、農林水産業の盛んなかつての日本の面影はありません。また農薬などの化学物質が大量に使われるようになり、果実を稔らせるために必要な花粉媒介を行う益虫を殺してしまっています。益虫がいなくなると、自然で作られる野菜、果物もなくなり、人工受精された食料しかなくなります。

すでに新型コロナウイルスの感染拡大で食料貿易に影響が出始めています。感染症対策で人々の移動が規制された影響で、物流網が混乱し、ロシアやインドなど世界有数の穀物輸出国は国内供給を優先させるため、小麦やコメの輸出規制に乗り出しています。輸出規制の広がりによっては、日本の食料調達への影響も懸念されます。早急に食糧自給率を高める必要があります。そのためにも山の整備を急がねばなりません。

山が荒れ放題となり、食べ物も満足にないために、野生の獣が麓までやってきて農作物に被害を与え、人家のごみ箱まであさりに来ます。

わたしは3年前から長野県飯田市南信濃に住居を構え、農耕、野菜作りを始めましたが、猿にキュウリを食べられ、困りました。

その後、長野県下伊那郡阿智村に住居を変え、野菜を作ろうとしましたが、やはり現地の方は「猿にトウモロコシを二千本やられた」と言います。

また、夏に梨もぎのアルバイトをしていた際、隣のリンゴ園で爆竹を鳴らしていたので、オーナーに質問したところ「カラス対策だよ」という返事が返ってきました。

爆竹の音でカラスを追い払っているそうです。

　山間の村で農業を営もうとすると、獣、カラス対策は必須なのです。

　全国では、熊が人里まで降りてきて食糧を探しているという報道さえあります。これも人間が山を整備せず、果物や山の幸が十分にとれなくなっていることが大きな原因です。

　早急に山々を綺麗にしない限り、獣害は減りません。

第４章　掃除と天地合一

掃除と天候

掃除は天候とも密接に関係し、わたしたちの想像を超えた次元で環境に多大な影響を及ぼします。

天と地が一対一で対面し合うことを「天地合一《てんちごういつ》」と呼びます。

地という字は、「土＋也」に分解でき、「土也《な》り」すなわち土そのものであることを示しています。つまり天地合一とは、空である天と土そのものである地表が、その間になんの障害物もなく、接することをいいます。

実はこれが天候と大いに関係してきます。

すべてが天地合一をすれば、天候は基本的に晴れしかありません。

砂漠がその典型です。

しかし、晴れだけでは、生物の生存は困難です。

そのために、天地合一をさまざまなものが邪魔をしています。

自然では、石、岩、草、木、花、水、氷、雪などです。

また猪、鹿、蝶々、熊などの神獣、ライオン、ひょう、シマウマ、パンダなどの獣、鯨、シャケ、タラなどの魚類、ホタテ、サザエなどの貝類、ワカメなどの海藻類もそういう役割を果たしています。

やっかいなのは、自然のサイクルとは無縁に存在する人工的なもの、人の住む家屋、事務所として使うビル、道路、橋などです。これらももちろん、天地合一を阻んでいます。


さらに、やっかいなのは人間が便利に生活するための工業の副産物である汚染水や廃棄物です。企業は工場からの化学物質を、人々は化学物質を使った洗剤で食器を洗い、汚染水を下水道に流し、川を経由して海に流し込んでいます。こうした中で起こった最悪の例が、九州水俣の水俣病です。

ある企業が、製品を作るために不要な水銀を川に垂れ流し、それが海に流れ込んだ結果、魚の体内に水銀がたまり、その魚を食べた住民の方々が水銀中毒になった事件です。

こうした廃棄物はまた海に流れ込み、ヘドロ化したゴミになります。東北大震災での黒い津波の正体はヘドロ化したゴミです。

人間が自ら作り出した廃棄物が津波となって戻ってきたのです。

また、もう一つやっかいなものが、大気汚染です。

日本は、高度経済成長時代に物作りに励み、大気中に化学物質を放出し、大気汚染をすすめてしまいました。

少年時代、日曜日になるとよく父がドライブに連れて行ってくれたのですが、三重県四日市を通った瞬間に、鼻を覆ったことを覚えています。石油製品を作る工場の煙突から吐き出される煙で大気が真黄色になっていたのです。

今では、その煙をフィルターにかけて濾過（掃除）し、排気煙を綺麗にすることで、大気汚染はかなり改善されました。しかし今度は中国が同じ道を歩んで大気汚染をすすめています。そして黄砂に乗った化学物質が日本にやってきてＰＭ２・５問題を引き起こしているのです。

天候は、自然的なものと人工的なものの組み合わせ、家、ビル、道路、橋、ヘドロ化したゴミ、大気汚染をした化学物質などの状態が総合的に関係して決まります。自然をきちんと管理し、人工的なものを適度に規制すれば、つまり環境に対する掃除、整理、整頓を行えば、天地合一もバランスのとれたものとなり、天候は良くなりますが、そうでなければ、曇り、雨、ひょう、雪が増え、さらには異常気象が多発します。

雪かきと天地合一

わたしは、2018年4月2日に長野県下伊那《いな》郡阿智村浪合に引っ越しました。浪合は例年は雪が多く、11月半ばからは40～50センチほどの積雪になりますが、年を越してもなかなか雪が積もりませんでした。

2019年に入ると少しずつ雪が降り始めましたが、1月下旬になっても積雪は5センチぐらいでした。雪は4、5回降りましたが、そのたびに、雪かきをしているうちに、いろいろなことがわかってきました。

積雪は、天から降りてくるエネルギーと地から上がっているエネルギーを遮断し、天地合一の邪魔をします。

しかし、雪かきをして、天地合一を果たすと、たいてい天候は晴れるのです。

浪合のわが家は、玄関が北向きで、玄関側はすべて影になるため、雪がまったく融けませんでした。

南側には森がありますが、木は間引かれず、手入れもされていないために、風の吹き抜けも太陽の光も少なく、やはり雪が融けにくいので、雪かきをしなければ、すぐに雪が積もるようになっていました。

その積もった雪が大気を冷やし、夜に放射冷却現象を起こし、より一層温度を下げてしまいます。さらに、雪は雪を呼び、また雪が降ることを繰り返して、どんどん積もっていき、春が訪れにくくなります。

これを防ぐには、雪かきをして雪を融かす必要があります。

とくに、日陰の部分の雪を太陽の光にあてて融かしてしまうのが、もっとも効果的です。大気の冷えを防ぎ、放射冷却現象が起こらなくなり、春が早く訪れるようになります。

雪かきをして、地面の肌が見えてくると、神が風に乗って現れて雲を吹き払い、天地合一を果たし、天空を開くことで天候を晴らすのがハッキリとわかります。

雪かきは、「春を早く呼ぶための雪の掃除」なのです。

わたしは、浪合で出来うる限り早く雪、氷を水にする作業を行い、春を早く呼ぶようにしましたが、現地の方々はまったく理解されなかったようです。

面白いもので、車を通れるように大きな道だけは、除雪されています。

どうして、他の雪、氷を融かし水にして、早く春を迎えられるようにされないのか疑問でしょうがありませんでした。

一事が万事そうです。今日では、自分さえよければという考え方が支配的ですが、まったく間違っています。自分のことだけかまっていたら、自分すら救われません。『日月神示』16章「荒れの巻」はそういう一人ひとりの意識の変革をしないかぎり、人類にとって壊滅的な未来がすぐそこに迫っていることを予言しています。

今こそ目覚めるべき時です。

天地合一とバランス

地面、道、床、屋根、ビルの屋上などの掃除は、地面と天が一対一で対面する天地合一を促します。

神社で朝、庭をほうきで掃く、お寺で床を雑巾がけするのも、そのためなのです。

しかし、何でもかんでも、天地合一をすればよいというものではありません。すべてが天地合一をすれば、天気はつねに晴れになりますが、それでは人間も動植物も生きてはいけません。砂漠がそのいい例です。

バランスの取れた天地合一が大事なのです。地面に木、草、花などがある状態は、完全な天地合一ではありませんが、バランスが取れています。

しかし自然に内在する力は、時に完全な天地合一を果たす方向へと作動します。たとえば昨年、北海道において、大雨が原因で大きな土砂崩れがあり、山が崩れ、木がたくさんなぎ倒され、地面が剥き出しになる災害がありました。これはある意味で、地面と天が一対一で対面した混じりっけなしの天地合一の状態を目指した結果だと言えるのではないでしょうか。

自然の神は、人間が木を間引かず、手入れもせず、山を荒れた状態にしているのを見て、大雨を降らせ、不要な木樹をなぎ倒し、土砂崩れを起こすことで、天地合一を、人間にとって不利益となる「完全」な形で果たそうとするのです。

自然の神は、天地合一を阻む方向へと働くこともあります。

雪がそうです。神は、天と地面の間に雪を積もらせ、天地合一を「完全」に阻みます。人が雪かきをして雪を融かし、放射冷却現象を止め、大気を暖かくするのを早めるかどうかを見ているのです。あまりにも人が掃除をさぼっていると、神はさらに雪を降らせ、春の到来を遅らせてしまいます。


しかし、神はまた人間のために調和も与えてくれています。人間は米などの農作物を育て食べる必要があります。そのため神は山などに樹木や草花の植物を茂らせ、わざと天地合一をさせず、必要な水を雨で与えているのです。

ところが、いったん雪が降ると、木樹の手入れを怠った荒れた山では風が流れず、太陽の光も届きづらいため、雪が融けなくなります。

そして気温はどんどん冷え込み、地球全体でみると氷河期に向かっていくのです。

それが、今の日本、世界の寒さに表れています。

細胞から成る動植物は、華下42度（四二＝死《しに》）ですべて死滅します。

自然界は、食物連鎖の頂点にいる人間が環境に対する掃除を怠っていると、氷河期まで呼び寄せてしまい、地球の表面を凍らせ、動植物をすべて死滅させるように働きます。

これは実は、神が海底に発生した生物の始まりからまたやり直させようという計画なのです。

このことを予言しているのが、「０の星《ゼロ》」と言われている太陽系第９惑星、冥王星の運行軌道になります。

冥王星は、太陽系の基準となる黄道面から17度傾いた楕円の縁をたどるように太陽の周りを回っています。

その冥王星が、２０２０年に降交点で接し、すべてのものが降下すると告げているのです。当然、地球の気温も浮き沈みはありますが、下がり始め、太陽から一番遠くなる２１１４年まで冷え込むのです。その始まりが、今年２０２０年になるのです。

いま、地球温暖化といわれていますが、人間の生活に都合がよい電気エネルギーに頼り過ぎた結果、熱エネルギーを地球の大気に放出したために温度が上昇したように見えているだけです。

温暖化は人が作り出しているだけで、自然界は寒冷化に向かっています。

第5章　掃除と神仏

『日月神示』と掃除

『日月神示《ひつくしんじ》』は、岡本天明《てんめい》（1897〜1963年）が、千葉県成田市の麻賀多《まがた》神社で天からのメッセージを自動書記で書き下ろした文書で、全37巻と補巻2巻で構成されています。

大本教の開祖である出口なお（1837〜1918年）のお筆先の続編とも言われ、これからの世界と日本で起こることと、その対策が綴られた神の警告の書です。

概要としては、いよいよ神の時代であるミロクの世が近づいてきたということ、それは天の岩戸開きによって始まるが、そこに至るまでに凄まじい災害や経済危機等があり、己を清め悟った人だけが乗り越えられるという内容です。

注目すべきことは、この警告の書には、「掃除」や「洗濯」、「身魂磨《みたまみが》き」といった言葉がひんぱんに出てくることです。

たとえば第8巻「磐戸《いわと》の巻」第4帖には、

その日その時裁かれてゐるのざぞ、早う洗濯せよ、掃除せよ。審判《さばき》の時来てゐるのにキづかぬか、

とあります。これはこれまでの解釈では、ともすれば掃除、洗濯が日常的に使う意味とは別のものとして解釈されます。

たしかに第1巻「上つ巻」第1帖に

日本はお土があかる、外国はお土がさかる。都の大洗濯、鄙《ひな》の大洗濯、人のお洗濯。今度はどうもこらへてくれというところまで、後へひかぬから、その積りでかかって来い。

とあるような場合には、「洗濯」という言葉は、旧約聖書にある「ノアの大洪水」を彷彿とさせる裁きにともなう大患難《かんなん》や、大変革、大変動といった意味合いで使われていると言えましょう。

しかし右記の「磐戸《いわと》の巻」第四帖のように、明らかに文中の掃除、洗濯の主語が個人であったり、その必要性が個人に呼びかけられている場合は、基本的に日常的に使う意味あいで解釈すべきです。

つまりここでは、実際に「早く掃除、洗濯を行え」と言っているのです。むしろ個人に対して掃除、洗濯を推奨しているからこそ、他の場面でも、あえて掃除、洗濯という表現を使っているのです。

ではなぜ掃除、洗濯を行わねばならないのかといえば、一つには身魂磨《みたまみが》きのためです。冒頭の第1巻「上つ巻」第1帖の最後はこう締めくくられています。

口と心と行と、三つ揃うたまことを命《みこと》といふぞ。神の臣民みな命《みこと》になる身魂《みたま》、掃除身魂《みたま》結構。六月の十日、ひつくのかみ。

と示されています。

同じく「上つ巻」第14帖には、

身魂《みたま》とは身と魂と一つになってゐるもの云ふぞ

と示されているように、『日月神示』でいう身魂《みたま》は、霊肉二元論的な発想で霊＝魂を肉＝身の上位においたり、両者を対立的にとらえるのではなく、むしろ両者をわかちがたく結びついた一体のものとして扱う言葉です。

ですからその後に続く文で、

身魂《みたま》の洗濯とは心の洗濯とは、魂ばかりの洗濯でないぞ

と示されているのです。

ともすればスピリチュアルな文脈で、「身魂《みたま》の洗濯」「身魂磨《みたまみが》き」というと、霊的なものとして抽象的に解釈されがちですが、そうではないぞと釘を刺しているわけです。

つまり「身魂の洗濯」とは、自分の身体や、身体が置かれた周囲の物質的要素や環境を清潔に整える＝洗濯することが不可欠で、それ抜きには心の洗濯もありえないということを諭しているのです。

わたしたちは具体的な掃除をつうじて、肉体のみならず、心も清められます。そうすることで悟りへの一歩を踏み出し、『日月神示』が予言するミロクの世に備えることができるのです。

『日月神示』が警告する災害がどんどん実現しつつありますが、これも身魂磨きと一体で喫緊の課題です。

『日月神示』16章「荒れの巻」に「**神の御言《みこと》聞く耳早う掃除一番ぞ**」と示されてい

るとおりです。

また16巻「荒れの巻」には「**今、始めなるのよのよき。雨の神　風の神　岩の神　荒の神　地震の神　世のよき、道満つるの常盤の富士の実りよくも、めでためでたぞ**」という一節があります。

これは雨の神、風の神、岩の神、荒の神、地震の神が現われ、人が過ちに気づくまで、火山噴火、地震、大雨による洪水、土砂崩れ、台風、竜巻などを繰り返すという意味です。今のままでは世界人口72億人が、大幅に減ってとんでもない数字になります。それほどの方々が亡くなってしまうということです。

このところの新型コロナの話題でかすみがちですが、近年、全国的に大雨による災害が多発しています。これも、上記の予言が成就しつつある証《あかし》であり、今まで述べてきたようにすべて天災ではなく、人災です。

人が山を荒らしたままにしているから、山の荒の神が「木を間引いて大木に育て、水を吸う根にしなさい。さらに、水を根に蓄える樹木を植えて、育てなさい」と諭しているのです。その通りにすれば、家を押し潰すような流木は流れてきません。他も同様です。

すべて、自然神（恵比寿さま）が人に「ちゃんと身魂磨きをして掃除、整理、整頓しなさい」と教えているだけです。

富士に花咲く時さぞ。開く結びの命、字開きに字、開き実るぞ。山にも地にも万劫光の花開くの理ぞ。

『日月神示』16巻「荒れの巻」によれば、最後に待ち受けているのは富士山の大爆発です。しかしこれは、もう避けようがありません。

掃除の問題に加え、祖先供養を怠ってきたことがもっとも大きな原因です。周りの環境を掃除、整備することも、そうすることで身魂磨きを行うことも、それが本当に実になっているなら、祖先供養を行わずにはいられないはずです。

この悲惨な未来を回避するために、今まで神がかった方々が、人々を目覚めさせようと、あの手この手で奮闘してきましたが、結局うまくいきませんでした。それゆえ自然神（恵比寿さま）からすると、富士山の大爆発を起こすしかありません。

しかし中心からの爆発だけは何としても避けなければ、東京が機能停止し、日本は滅んでしまいます。皆さん、この本を読んで信じる方々だけでも、先祖供養を始めてください。その人数が多ければ多いほど、富士山の中心からの爆発は回避できます。

時期については、『日月神示』第16章、冥王星からのメッセージ、マヤ暦からの予言を合わせ、セミナー等で解説したいと思います。なお、東南海、関東大震災のタイムリミットの近づいてきたこともお知らせしておきます。

以上、掃除を実践し、身魂磨きを行うことが悟りに通じる道だと述べてきました。悟りとは人の内面の「陰」と「陽」であり、内面の「霊」と外面の「肉」が調和を保ち、一切が中庸となった状態です。

悟りの境地に達した人には平和な世界が訪れます。しかし一人が悟っても、世界全体が平和にはなりません。

ですから、悟った者だけが種々の災害、困難を乗り越えて生き残り、享受できる平和な時代をミロクの世と言います。弥勒の「勒」には「力」という文字が入っています。これからの世界は上からの力で支配されたり、動員されるのではなく、一人ひとりが自由かつ自律的に選択し、動くことのできる世の中になるということです。

悟りといえば、今の世の中で宗教と呼ばれているものの多くは、その宗教でしか悟れないという一方的な考えに染まっており、強引な勧誘や言動が目立ちますが、まったくの間違いです。こうした傾向は現代の親子関係にもよく見受けられます。

たとえば、ある親子は、父と娘と息子の三人暮らしです。

父と息子は物事のとらえ方が似ているのですが、娘は全く別の物差しを持っています。父の立場から娘を導こうとしても、息子と違って娘はどうしても受け入れません。この場合、父は娘について知る以上に、自分自身を知ろうとせねばなりません。自分を知らねば、娘だけでなく、他人がどういう人物なのか、わかりようもありません。当然、他人を導くなんて夢のまた夢です。悟るとは己を知ることでもあります。自分の身の丈を越えた教義を教えたり、教わったりすることに何の意味もありません。

悟りは外ではなく、内からもたらされるのです。自分を知り、自らの内にある善いものを見い出すことが肝心です。

言い換えれば、自分というゴミ屋敷を掃除し、ゴミの山の中で埋もれてしまっていた貴重な家宝を掘り出して、磨き上げ、綺麗になった居間に飾るということです。まさに掃除です。

神さま・仏さまを味方につける掃除

位の高い神さま、仏さまは、美しく、綺麗なところが大好きです。

しかし現代では汚く廃墟化している神社、仏閣も多く見受けられます。

そのような神社、仏閣に祀られる神さま、仏さまは、もともとは位が高くても、低きに貶められてしまいます。出口なおが言う「世に落ちた神」になり、いわゆる埋没神になってしまいます。

わたしは日本の神社、仏閣を三千か所以上歩き、掃除して参りました。

昔は神社、仏閣は、お金のある方はお布施を、ない方は掃除をして、天空を開き、神さまの位を高く保ってきたのです。

また修行をせず本当の先祖供養ができない人々のかわりに、お坊さんがお布施を受け取って、その一族の先祖供養をしていました。

ところが現代では、有名でない神社・仏閣は薄汚れ、柱に刻まれている寄付者の名前も見えないくらい汚いまま放置されている所がざらです。

そこを綺麗に掃除して寄付者の名前が出るようにすれば、寄付者の霊が、掃除をした人をあの世から応援してくれます。

さらに、その神社、仏閣の神さま、仏さまも、掃除をした人を応援してくれます。神社、仏閣も天空が開き、神さま、仏さまの位も上がり、掃除をしている方には、幸運が舞い込むようになります。

一方、大きく有名な神社は、さすがにある程度は掃除はなされていますが、参拝もそこそこに、平気で神殿や境内の写真を撮る観光客が多いのが問題です。そういう人を注意もせず野放しにしているため、神さま、仏さまが逃げてしまっている神社、仏閣がたくさんあります。

また、神社、仏閣、パワースポット巡りが流行っているようですが、これは昔、飢饉が起こった際に、神仏にすがって願いを叶えようとした伊勢のお蔭詣りと同じ現象です。

ところが、多くの人は、祈りの仕方を勘違いしています。利己的で自分自身や家族のことだけを祈っています。こういう方々を、神さま、仏さまはなかなか応援してくれません。

今の日本で一番欠けているのが、他人に奉仕するという心です。

昔から仏教界には、多くの優れた僧侶がおられます。彼らはきびしい修行を経て、本当の優しさを会得され、その優しさを大衆に対して発揮してきました。

中でも、一休さんと良寛さんは、上には立たず、一貫して大衆の味方でした。

一休さんは、足利氏の兄弟喧嘩から端を発した、応仁の乱を経験しています。社会情勢としては飢饉が絡んでおり、日本ではじめての農民一揆である正長の土一揆が起こった時代です。

良寛さんは、江戸時代の四大飢饉の天明の大飢饉、天保の大飢饉の二つを経験しています。噴火、地震、洪水、火事などが原因で食料、特に米がなくなった時代でした。

現代もこの状態に近づきつつあります。

わたしたちも一休さんや良寛さんの生き方を見習って、祈る際は自分や身内のことだけでなく、他人と世界の幸福を祈るべきです。

そして率先して神社、仏閣を掃除しましょう。そうすればそこにいる神さま、仏さまの位が上がって、あなたの味方をし、この世をよい方向に導いてくれます。


もちろん神社、仏閣だけではありません。

汚い空間、整理されていない空間は、天地合一を乱し、さまざまな不幸や悪天候の原因になります。

住居を変えた際は、まず家を綺麗にし、庭を綺麗にし、家のまわりを綺麗にし、そして近所の神社、仏閣を綺麗にしてすべての神さまを味方につけましょう。


すべての神さまとは、八幡社などの土地の神、家の神、炊飯器、冷蔵庫、トイレ、風呂、キッチン、食器などの場所や物に宿る神、庭の木や花に宿る神です。使った道具を綺麗にすれば、ほうき、バケツ、鋸などにも神が宿ります。

しかし、使えなくなった道具は捨てて、その神さまを手放す勇気も必要です。これも一種の掃除ですし、大切に使った上で手放せば、新しいそれ以上の機能を持った道具が手に入り、神はそこに宿ります。

さらに、近くの山を綺麗にすれば山の神、道路を綺麗にすれば道路の神が、その人に憑《つ》き、たまたま道路でガス欠になっても、すぐ近くに対応が取れるガソリンスタンドがあったりなどの幸運に恵まれます。

これが、わたしが実践している神さま、仏さまから愛される掃除になります。

わたしは下伊那郡阿智村浪合に2018年4月2日に入りました。

もうビックリするくらい汚いところでした。

すべての側溝は、土で埋まり、水は滞留し、家のまわりは草がぼうぼうと生え茂り、前の家の城石を積んだような壁は土砂崩れを起こしており、木は手入れがまったくされていませんでした。借りた農地も草ぼうぼうでした。

その後、2019年1月には、側溝はほぼ開通し、水も流れるようになりました。家のまわりの草はほぼ刈り終わりました。

他の家にも入り込む草は60％程度刈り、木はほぼ手入れが終わりました。前の家の城石を積んだような壁の土砂崩れは、一番最初にかたづけました。借りた農地は60％ほど草刈りを終えました。

その後、近くの山の谷間の風通しをよくするために、草、竹、木の伐採をしました。すべてその土地、山の谷間のよどみ、滞りを取り除いていきました。浪合で住んでいた大平村営住宅は、気がよくなりました。わたしの掃除で、磁場に影響を与え、昨年の冬は、例年に比べたいへん雪が少なくなりました。

村民の方々もわたしが掃除をしているのを見ていたのか、今まで草をぼうぼうにしていた自分たちの庭や畑の草を刈り、木の手入れまではじめました。

その後、わたしは、浪合から飯田市今宮町に転居しましたが、そこでもすべての浄化をして、日本を見えない世界から変えようと掃除に励んでいます。

寺で掃除を悟る

筆者は、真言宗高野山南院で得度をしています。

仏教との縁は、母方の祖母の里、奈良七寺の一つ大安寺にあります。

大安寺は、仏教の里、明日香にありましたが、710年に現在の寺院がある奈良市大安寺町に移りました。大安寺は、古くは真言宗派に属しており、真言宗の創始者である空海が修行したお寺と言われています。

そのために、わたしは真言宗に出会ったのだと思います。

自分なりに修行するうちに、やがてわが家にいた地縛霊が見えるようになりました。

しかし、誰に言っても誤解されると思い、自分で地縛霊を上げるために、広島にある妻の大学時代の友人のお寺で修行することを決意し、9ヵ月間の修行の旅に出ました。

わたしが参上した時は、たまたま、その寺の長男の大学受験の時期にあたり、合格祈願のために毎日護摩行をあげている最中でした。わたしは、3か月の間、護摩行を毎日あげることになりました。

修行は、朝10時の行にはじまり、夕16時の行がお寺の基本で、早朝5時の行はやらなくてよいとされました。

護摩行のある日は、朝8時からお寺の基本行を行い、少し休憩を入れてから、護摩行を2時間ほど行いました。

護摩行は、黒ゴマ、油などを使い、浄火で護摩木を最低千本以上焼き、神仏を降ろし、自分自身の浄化をするわけですが、終わった後は、金杯などは油でベトベトになります。それは生半可なものではありませんが、それを掃除することが修行にもなっていました。また、千本の護摩木を作るのも修行になりました。

このお寺の一連のお勤めは、1時間30分前後で終わりますが、最初の頃は、お経、仏さま、如来さまの御名など読み方も意味もまったくわからず、2時間30分くらいかけて、たどたどしく唱えていましたが、繰り返す内に滑らかになり、時間も短くなっていきました。

お経を読み、仏さま、如来さまを呼び出していると自分自身のそばに神さま、仏さま、如来さまがいらっしゃる際、ローソクの炎が横に動いたり、激しく縦揺れを繰り返したりします。

神さま、仏さまが存在をアピールされるのが面白くて、時間を忘れた覚えがあります。

さらに、お経の意味、菩薩さま、如来さまの意味を理解してくると、自分のあるいは相談者の問題に対して使うお経、菩薩さま、如来さまがわかってきます。

しかし多くの方に、唱えるべきお経、菩薩さま、如来さまを教えてさしあげても唱えようとされません。

多くの人は、それは宗教だから信じないのだ、とおっしゃいます。残念ながらそれは本物がわからないだけなのです。これでは、日本が変わるわけがありません。

お寺では瀧行もありました。

四国八十八か所の仏像が円形状に配置されており、最低百八周、何セットかの巡礼、月に1回は百万遍の行、1年に1回は、星供養、火渡りの行によって自分自身の浄化を行います。

どうしてそういうことが苦痛も感じずにできたかと申しますと、自分自身の邪気が取れていき、心体が楽になっていくことがはっきりとわかったからです。

やればやるほど心体が楽になったのです。

これを9か月間、1日12時間やって、最後の仕上げに四国八十八か所巡りをして、初めてスタート地点に立てました。

寺での修行を終えて、東京に戻り、ようやく家に取り憑いていた地縛霊一体を無事、天使界に導くことができました。

そして、父母が最終生活をしていた奈良に行き、奈良の家で12時間祈り、家から春日大社、新薬師寺、若草山、二月堂、三月堂、東大寺を走り、奈良市の浄化をさせていただきました。

これだけ浄化すれば、奈良、日本の中心の大神《おおみわ》神社からお声がかかるのは当たり前の話だと思います。２０１５年7月31日、大神神社に導かれたわたしは、大三輪の神から「日本をなんとかしてくれ」と依頼されました。そして大美和《おおみわ》の丘の上から下界を眺めていると、今度は諏訪の神さまに呼ばれました。

あまり、こういうことを言うと頭がおかしいと思う方もいるかもしれませんが、わたしのことがわかるのは、わたしの頭の上に鎮座する神さま、菩薩さま、如来さまが見える人だけです。

残念ながら日本にはほとんどいませんが、この頃、若い神職さん、僧侶さんに若干いらっしゃるのは、心強く思っています。

沖縄では、タクシーの運転手さん、おばさんに見える方が多いです。

東南アジア、とくにチベット密教のリンポジ、タイ、ミャンマーの大乗仏教の大僧侶の方々には、見える人が多いです。

奈良については、もっともっと深い意味がありますので、今後、セミナーで述べて参りたいと思います。

掃除と歴史

わたしの言う掃除とは、除霊や先祖供養も含みます。

そのためには霊が体験した生前の出来事、つまり歴史に注意を払わなければいけません。わたしたち自身、祖先が紡いできた歴史を経てここにいるからです。

戦国時代、戦《いくさ》はつねにどこかで起こっていました。そのたびにおびただしい数の戦死者が発生し、農地が戦場になることもたびたびありました。なかでも一番大きな戦は、西暦1600年に起こった天下分け目の合戦、関ヶ原の戦いです。

石田三成率いる総勢8万人の豊臣側、徳川家康率いる総勢10万人の徳川側が、天下統一をめぐって激突しました。双方の戦死者4万人にのぼる壮絶な合戦でした。

紙一重の差で徳川側が勝利しましたが　戦場になった関ヶ原の農地には、おびただしい数の屍《しかばね》が残されました。

当然、そこで暮らしていた農民は、屍の山を前に途方に暮れ、別の地に移住も考えました。

しかし、それも難しいと判断し、別の策を考えたのです。

なんと勝利した徳川家康に、農地を復活させるための屍の掃除費用を要求したのです。徳川家康もさすが天下人になっただけあって、これを快く受け入れました。

その結果、関ヶ原の戦死者の魂は癒されて、ほとんどが天使界に昇りました。

そのおかげで現在の関ヶ原に農地が残ったのです。

しかしその後の祈りが少ないため、多くの魂が地獄界に戻り、関ヶ原は雪が多い気候になってしまいました。皆さま、関ヶ原に行くことがあれば、どうか戦死者の供養をお願いします。

実は、関ヶ原という場所は、大化の改新の時にも戦場になっています。だから、血の河と呼ばれる場所があるのです。これも「鏡の理」になっています。

わたしは、関ヶ原鍾乳洞を訪れて、供養をしたときに、背中の方から行者に入り込まれました。

ですから、南信濃八重河内、阿智村浪合に来ても山の掃除、整備、整頓ができるのです。わたしの身体にはもう一体、行者が入り込んでいます。その因縁はここでは述べませんが、昔は修験者が山の管理をしていたのです。

太平洋戦争の激戦地サイパン島を慰霊に訪れたことがあります。海岸には、野戦砲や上陸用舟艇の残骸が見られ、戦後の掃除がなされていないと感じました。バンザイクリフに立った時には、何とも言えない感慨を抱きました。

この崖は、日本の方角を向いており、現地に住んでいた日本人の婦女子が自決した場所です。彼女たちが「天皇陛下万歳」と言って崖下に身を投げたことから、バンザイクリフと名付けられたのです。

最近になって戦艦大和、武蔵、ミッドウェーの会戦で沈没した空母、トラック諸島に沈んだ民間の船舶の残骸があいついで発見されています。

日本政府がすべて回収、掃除してほしいものです。そして戦地の遺骨回収、供養を切《せつ》にお願いしたいと思います。

でないと太平洋戦争はいつまでたっても終わりません。

第6章　掃除と健康

言うまでもないことですが、掃除は健康に直結します。それは体的な状態だけではなく、霊的な因縁と結びつく場合もありますので、要注意です。

小宇宙である人体の健康を守ることは、わたしたちをとりまく宇宙の平和とも繋がってきます。

アレルギー体質を掃除によって改善

畳《たたみ》部屋でふとんを敷くと、部屋の中におびただだしい量の目には見えにくいほこりが舞い散ります。また、乾いた洗濯物をひる返しながらたたむと、部屋の空気はほこりだらけになります。

それくらい、室内にはほこりがたくさん存在しているということです。そしてその中にダニが住みつき、人の睡眠時に、呼吸と共に体内に移り住み、アレルギーの原因となるのです。

だから掃除、洗濯はアレルギーを防ぐ、大切な仕事なのです。

また、最近、ペットを飼う人が増える一方で、枯葉がそのままになっている木や手入れが行き届かない公園の植え込みが多く見受けられます。

そこにもやはりダニが住みついていて、散歩中のペットが接触すると、ペットの毛の下に入り込み、アレルギーの原因になってしまうのです。

最悪の場合は、ペットに住みついたダニが、飼い主の皮膚に移り住み、アレルギー皮膚炎の原因になってしまいます。

これも、公園の植栽、草花、枯葉などを綺麗に掃除すれば防げることです。

スギ花粉症は掃除、整備、整頓で改善できる

スギ花粉症の大きな原因は、二つあります。

一つは、スギの生えている山が荒れていることです。スギの木を間引き、整備、整頓をすれば、今のような不快な症状も緩和されていくことでしょう。

二つ目は、中国の大気汚染により化学物質が黄砂に付着し、上空の偏西風に乗って日本にやってきて、スギを犯してしまうからです。

そして化学物質が付着したスギ花粉が、人の目、鼻、口から体内に入り込み、目やに、鼻水、喉の炎症を起こします。

これも中国の企業が、大気汚染に十分な注意を払えば解決することです。

そのためには中国に掃除しなさいと働きかけると同時に、日本がもっと掃除大国となり模範を示す必要があります。素敵な大気を日本に届けてほしいものです。

シダ、ドクダミと因縁

わたしが掃除と健康の関係性を本当の意味で理解できたきっかけが、元妻の家の庭の手入れでした。

ある時、義母に、庭の手入れをお願いされました。

庭の手入れは、義父が長年しており、椿やつつじが季節になると艶やかな花を咲かせ、家族を和ませてくれました。

ところが、義父が80歳を超え、体力が衰え、庭の手入れができなくなると、シダとドクダミが生い茂り、椿やつつじに供給される土の養分が少なくなり、花が咲かなくなってしまいました。

そこで、家では、つるはしを振りかざして、根こそぎシダとドクダミを取っていきました。

そうすると、シダとドクダミだらけの庭から、柔らかい細長い植物が生えてきました。それも除去していくと長さ3～4ｃｍの草が生え始め、さらに、それも刈っていくと最後は苔《こけ》になったので、その苔を取り、畑を作り野菜を栽培し、チューリップなどの花を花壇に植えました。

するとどうでしょう。

今まで花が咲かなかった椿、つつじに美しい花が戻ってきました。さらにチューリップの花も加わり、色艶やかな庭へと変身したのでした。

そうすると健康を害していた義父も、雰囲気が暗かった義母も明るくなり、義父は大好きだった庭の手入れに復帰できたのでした。

このように庭だけでも綺麗にすれば、両親が健康を取り戻すのです。


ちなみに、シダはその一族を縛る負のエネルギー、ドクダミはその一族の毒であり、一族の因縁がそのまま庭に表れていたことがわかりました。

だからシダ、ドクダミを根こそぎ取った結果、両親が元気になったわけです。くれぐれも、シダ、ドクダミの繁茂《はんも》には注意してください。


この経験から学んで、わたしは実母が健康を害した時に、家の掃除をして母の健康を取り戻したことがあります。

わたしの母は、人生の最後30年を奈良で過ごしましたが、その30年間の汚れ、例えば、料理の時に使い飛び散った油が、家中の壁、天井、食器棚、炊飯器、冷蔵庫、食器などに付着し、床には長年の汚れが、洋服ダンス、応接セット、テレビ、本箱、人形箱にもほこりが溜っていました。

これが、蓮尾家の因縁です。

当時、わたしは東京に住んでいたのですが、何カ月か奈良に通いピカピカに磨きあげました。そうすると母の健康状態はみるみる改善され元気になっていきました。

最後に、現在の妻の義父母はともに亡くなり、相続で家をいただいたのですが、亡くなった義父の没後1年間が経過した時、妻にドクダミが繁茂しているので見に来てと言われました。そして見に行ったらもうビックリしてしまいました。

ドクダミだけではなく家全体が汚なすぎて、妻の一族の因縁がもの凄いことを知りました。それから、1年をかけて家を掃除することで、妻の一族の浄化をして両親の先祖供養を果たしたのでした。

この詳細については、妻の書いた『地上の天の河——私の実家片付け奮闘記』（今日の話題社）をご参照ください。

掃除は究極の空き家対策です。また掃除をしないかぎり、一族の霊的因縁が解消され、父母、祖先の霊が浮かばれることはありません。

付章　『日月神示』「荒れの巻」抄解

掃除は十二

第5章「掃除と神仏」のところでも述べましたが、『日月神示』には「掃除」という言葉がひんぱんに出てきます。

『日月神示』の原文は一から十、百、千といった数字、仮名、＋、⦿、◎などの記号で記されています。ですから自動書記をした岡本天明自身も最初は読むことができず放置していたそうです。その後、神霊研究家の方々の手を借りながら解読作業を進めてようやくただならぬ重大な警告の書であることがわかったのです。

今回、その原文にあたり確認したところ、掃除は原文では「十二《そうじ》」と記されていることがわかり驚きました。

時間、年月において1年は12ヶ月、1日は24時間（＝12時間×2）で午前、午後それぞれ12時間、1時間は60分（12×5）、1分は60秒（12×5）といった具合で、12がベースになって定められています。

天球には12か月に対応して12星座があり、12宮があります。

なじみ深い干支も十二支から構成されています。

イスラエルに12支族があり、イエス・キリストには特別に伝道の使命を与えられた12使徒があり、ギリシア神話にはオリンポス山の山頂に住む12神があり、仏教には天部十二神将があります。

また仏教では十二因縁が説かれます。音楽は12平均律で構成されます。

このように12は非常に重要な数で、『日月神示』において掃除が「十二」と記されていることは、掃除こそがミロクの世へと移行する鍵になることを示していると言えましょう。

ちなみにミロクは567ですが、真ん中の6を軸として、極の5と7を加えると12となります。ミロクを369と表記した場合も、やはり真ん中の6を軸として、極の3と9を加えると12となります。

『日月神示』については、まだ研究途上ですが、ここではもっとも重要な「荒れの巻」について気がついたところを述べておきたいと思います。

富士に花咲く時

富士に花咲く時ざぞ。開き結び、魂の魂、突《つ》き開き、突き開き実るぞ。山にも地にも万劫《まんご》木の花開くのざぞ。

「富士に花咲く時」というのは富士山が爆発する時という意味です。木花之佐久夜毘売という御神名もそのことを示しています。

出口王仁三郎の『霊界物語』には富士山は天教山といって、太古の神々が集う地球の中心であったことが示されています。その因縁の魂の魂が開き結び、マグマとなって噴火口を突き開き、突き開き、山にも地にも火山噴火、火山爆発の光という光が満ち溢れ、花開くことが示されています。

ちなみに、富士山は火の神であるマグマと、それに対する富士五湖の水の神という、火と水のバランスで成り立っています。ですから、日本を象徴する山として、あのような美しい山の姿となっています。

いま世界中の火山のマグマが地表近くまで上ってきています。その結果、世界のいたるところで火山が爆発しています。

また、南米アマゾンの熱帯雨林火災、アメリカ西海岸カリフォルニアの山火事、オーストラリアの大規模森林火災など世界のあちらこちらで大規模森林火災が起こっています。

これもマグマが地表近くまで上ってきているために、木に火が引火しやすい状態になっているためです。

これらすべてが火の神の働きです。
美しい富士山が語っているように「火の神」と「水の神」のバランスを整える必要があります。

麻賀多神社の秘密

このふで、よく読む道、御しるしのヨハネざぞ。諏訪、マガタ、榛名、甲斐、魂和す道ざぞ。

「このふで」は『日月神示』を指します。「御しるしのヨハネ」はイエス・キリストに洗礼を施したバプテスマのヨハネのことです。キリスト教ではヨハネはキリストの先駆者です。つまり、『日月神示』は最終的な救いを実現するための先駆であるというわけです。

本当の救いは、『日月神示』が教える掃除を実践することによってしか実現されません。

またここで示された地名も重要です。

マガタは、岡本天明が、天からのメッセージを受け取った麻賀多神社が鎮座する印《いん》旛《ば》郡一帯を指します。印旛郡には麻賀多神社が十八社ありますが、『日月神示』ゆかりの麻賀多神社は、千葉県成田市台方にあり、「麻賀多十八社」の総本山になります。

印旛とはすなわちインドであり、マガタは釈迦が生まれたマガダ国を指します。古い昔、印旛郡にはインドから仏教の高僧が多く訪れました。

また、マガタはまた勾玉《まがたま》に通じます。一説によれば麻賀多神社は、古くは「真《ま》賀《が》多《た》真《ま》神社」と呼ばれていましたが、麻が多く茂っていたために「麻賀多神社」と改名されたと伝えられます。

ですから古い時代にこの地では神仏合一がなされていたのです。

次に諏訪です。一般に諏訪大社と申しますが、前宮《まえみや》、本宮、春宮、秋宮の四社があります。前宮と本宮の間に、北斗神社と空海が創設したと伝えられる神宮寺跡があります。ここでも古い時代に神仏合一がおこなわれていました。

榛名、甲斐についいては詳細は省略しますが、やはり神仏合一の秘密の地となっています。

なぜこういう地名がここで列挙されているのでしょうか。それはこれからの時代には神仏合一が基本になっていくからです。

不思議なことにこれらの土地は、すべて深い因縁に導かれるままわたしが浄化に歩いた地です。その歩みのなかで、わたしは掃除の奥義を悟ったのです。

鏡の法則

終《おは》りに、ことごと神国の、誠の鏡のとどろきも、みな三文字世のはじめかし。

最後の段階になってくると、ことごとくに「誠の鏡」の法則が轟きわたりますが、それはみな「三文字世」つまり「ミロクの世」のはじまりです。

鏡はよいことも悪いこともすべて写し反復します。

原子力発電所の事故から鏡の法則「歴史は繰り返す」を見てみましょう。

1986年4月26日　チェリノブイリ原子力発電所事故
1999年9月30日　東海村JOC核燃料加工施設臨界事故
2011年3月11日　東京電力福島第一原子力発電所事故

原発関連では小さな事故は頻繁に起こっていますが、大きな事故はこの3つです。

これは、歴史が繰り返すという鏡になっています。対策がなされていない以上、未来の鏡にも写し出されることでしょう。

２０１９年12月頃から発生した新型コロナウイルスも「過去の鏡」になっています。人は、目に見えないものが原因で、肉体の死に至ることを恐れます。今回のコロナウイルスもその一つになります。

以前にも２００２年中国南部の広東省で発生したＳＡＲＳコロナウイルス（重症急性呼吸器症候群）、２０１２年サウジアラビアで発生したＭＥＲＳコロナウイルス（重症急性呼吸器症候群）と二度同じことが発生しています。

まさに「写し鏡」であり、「歴史は繰り返す」です。

今回のコロナウイルスが発生したのは中国の武漢ですが、韓国、イタリア、ドイツ、イギリス、スペイン、アメリカ、イランなど世界各国に広がり、ロックダウンされた町は、人影がないゴーストタウン化しています。

これって、日本の過疎化された町の商店街そっくりじゃないでしょうか。実は、これも「写し鏡」なのです。

これも対策をとらない限り、未来の鏡にも同じことが写し出されることでしょう。

さらに、プロ野球、Jリーグサッカーなどの試合が、無観客で行われています。これは、近い将来、スポーツのあり方が見直され、プロがなくなることを意味しています。これも、未来の鏡になっています。

三種の神器のなかでもっとも重要なのが鏡になります。古くの神社には、皆さまが祈る真正面に鏡が配置されていました。人が神社の本殿に向かって祈るということは、鏡に写っている自分自身に向かって祈っているのです。

伯家《はっけ》神道の秘書である『伯家部類』を見ますと、天皇のもっとも重要な神事は御鏡御拝といって、毎朝、鏡に映るご自身の姿を拝することでした。

「かがみ」の真ん中の「が＝我」を取ると「かみ」になります。

我《が》とは、良い我も悪い我もふくむ自分自身のすべての我です。その我《が》を取った人のことを生きている神、生神というのです。

人はともすれば良い我《が》を残そうとしますが、それではだめなのです。それはコップでいえば水が半分残っている状態です。本人はそれを良い我と思っていますが、他人から見ればそれは悪い我かもしれません。

すべてをいったん空《くう》にする、コップをいったん空《から》にしなければなりません。いったんすべての我《が》を流し、空《から》のコップの状態になれば、そこに神が良きものを流しこんでくれるのです。俗眼では、生きている神の振る舞いと、我が取れていない人の振る舞いは見わけづらいですが、見る人が見ればわかるものです。

社会全体の人々が、自分自身の映された鏡の映像を見て、自分自身の良い我と悪い我を取って、生きている神になれば、戦争は繰り返されなくなり、地震や異常気象など、自然災害とされる人災は消滅し、ミロクの世となります。

荒の神

雨の神、風の神、岩の神、荒の神、地震の神、よきにして、道満つるの常盤の富士の実りよくも、めでためでたざぞ

雨の神、風の神、岩の神、荒の神、地震の神がなぜ「よき」神であり「めでたざぞ」とされているのでしょうか。

それはこれらの自然の神が現れ、地震、洪水、土砂崩れ、台風などを頻繁に経験し人々が過ちに気づくことを促すのはミロクの世の前兆だからです。

しかし、わたしたちが、これらの自然の神の警告に従わなければ、災害はますます激しくなり、多くの人の命が召し出されるとになるでしょう。

『日月神示』第3巻18帖にも

神々さまみなお揃いなされて、雨の神、風の神、地震の神、岩の神、荒の神、五柱七柱八柱十柱の神々さまがチャンとお心合わせしなされて、今度のお仕組みの御役決まりてそれぞれに働きなされることになりたよき日ぞ

とあり、これらの神々がミロクの世の到来において重要な役割を果たされることがはっきりと示されています。
また、14巻「風の巻」にも、

いよいよの大立て替えは、国常立の大神様、豊雲野の大神様、金の神様、竜宮の乙姫様、まず御活動ぞ。ぎりぎりとなりて岩の神、雨の神、荒の神様なり、次に地震の神様となるのざぞ

とあることをしっかりと頭に入れておいて頂きたいと思います。

台風15号と19号の啓示

台風15号は2019年（令和元年）8月30日にミクロネシア連邦の東、キリバスの北に位置するマーシャル諸島付近で発生し、9月9日東京湾に入り込み、千葉県千葉市付近に上陸した台風で、まさに「風の神」「荒の神」の発動でした。

大風（風の神、荒の神）が、送電線を支える鉄塔、電柱を薙ぎ倒し、大規模停電を起こし、山間部においては、大雨（雨の神・荒の神）で流された土砂（岩の神）が石が混じった土や岩などの土砂（土の神・山の石の神・岩の神）崩れ、大風（風の神・荒の神）で薙ぎ倒された大木が、復旧場所に向かう電気技術者の行く手を塞ぎ、復旧作業ができない箇所をたくさんつくり出しました。

また、復旧現場においても、大風で薙ぎ倒された大木、吹き飛ばされた木の枝が、電線に絡みつき、復旧作業がはかどらず、住民の方々がふだんの生活に使う照明機器、冷蔵庫、洗濯機、炊飯器、テレビ、ラジオ、パソコン、携帯電話などの電化製品が使用不能になり、日常の生活ができない日が2～3週間続いた場所が何か所もありました。

大雨（雨の神・荒の神）と大風（風の神・荒の神）が、土砂（土の神：石の神）崩れ、山にある整備されていない木（木の神）と枝（木の枝の神）を使い、大規模長時間停電を起こして、住民の生活を困らせたのです。それは、家庭生活に必要なエネルギーを電気だけに集約した現代に対する、強烈な警告だったのです。

あらゆる観点から、それは自然災害ではなくすべて人災だったといえます。

そもそも日本の国土の約70％は山岳地帯、その約67％が森林です。

これだけ、山と森林の国であるにもかかわらず、山、森林に関わる仕事に従事している方はどれだけいるのでしょうか。きわめて少数で、全国のほとんどの山は荒れ放題です。

そのために、台風15号では、房総半島の山間で、整備されていない木々、枝などが大規模な長時間大停電を引き起こし、住民の生活を苦しめたのです。

昔は山岳信仰で有名な役行者《えんのぎょうじゃ》の末裔が、山、森林を守っていたために、このような災害にはならなかったのです。

早急に役行者の後継者として、樵《きこり》や山師を育て、荒れ果てた山、森林を整備していく必要があります。それも、山、森林を整備する掃除となるのです。

台風19号は、２０１９年（令和元年）10月6日マリアナ諸島の東海上で発生し、10

月12日日本に上陸、関東地方や甲信越地方、東北地方などに記録的な大雨を降らせ、いくつもの大きな一級河川の堤防を決壊させ、床上浸水をもたらしました。

とくに、日本で一番長い長野県、新潟県にまたがる千曲川（信濃川）の洪水はひどく、水が引くまでは相当の日数を要し、住民の生活を脅かしたのでした。

この現象から、自然の神は人に何に気がついて欲しいのでしょうか？

堤防をもっと頑丈にして洪水を起こせないようにすることでしょうか？

もしも、人々がそんな浅はかな考えを抱けば、雨の神、荒の神は、さらに強い台風を到来させて、洪水を起し、人を困らせることでしょう。

そのよい例が、２０１１年の東日本大震災で、被災地になった阿武隈川周辺です。台風19号は、阿武隈川の上流の山間に大雨を降らせ、下流の平地に大規模洪水を発生させ、家屋の崩壊も引き起こしました。

災害があったところに再び災害が発生することは『日月神示』にも書かれています。

では、根源の問題とは何になるのでしょうか？

それも『日月神示』に書いてあります。

それが「神の御言聞く耳、早う掃除一番ぞ」になります。

飯田・南信濃の秘密

ちなみに信濃川は日本一長い川で、そのもとは佐久です。佐久は浅間山の大元で、かつては浅間山修験の拠点でした。虚空蔵菩薩と六地蔵。修験は霊的なことだけではなく、山の管理もしていたのです。

信濃川と対になっているのが木曽川です。次は木曽が危ないです。伊勢湾台風の時もそうでしたが、コースによれば木曽がいちばん豪雨に見舞われるのです。

木曽川は長野県木曽郡木祖村の鉢盛山を水源とし、南西に流れています。

台風19号は北信濃でしたが次は南信濃です。飯田から南信濃一帯にかけては、日本の非常に重要な要《かなめ》の地です。

前にも述べましたが、わたしは忘れもしない2015年7月31日に奈良の大神《おおみわ》神社の神々に召命されました。大美和《おおみわ》の丘から八方を見渡し、そこに日本と世界の縮図を見ていると、長野県の諏訪大社の神からお呼びがかかりました。

そして諏訪では次は長野県飯田市は遠山郷、八重河内梅平の神のところに行くように言われ、2015年11月11日に遠山郷八重河内に住居を構えました。あとで調べてわかったのですが、そこはなんと梅平正一八幡社の古い跡地でした。

そうすると今度は、日本の太古の因縁の大元《おおもと》ばかりに導かれるようなり、青森県東《つ》日流《がる》(津軽)、愛媛県今治市の大三島大山祇《おおやまつみ》の大元の神である瀬織津姫《せおりつひめ》に呼ばれました。

実は瀬織津姫はかつては大山祇神社の裏の山に鎮まっておられましたが、大陸から渡来した天皇家が、自らに連なる神を入れたために、日本のあちこちを転々として東北は東日流の地まで逃げて行かれたのです。

このあたりの話はまたの機会に譲りますが、南信濃の遠山郷、阿智は、日本列島の中心に位置し、春分・秋分の御来光ライン上にあります。

春分・秋分ラインは、犬吠埼の南から入り、皇居、大山《おおやま》、富士山、南信濃、琵琶湖、大江山元伊勢、大山《だいせん》出雲の日御碕に出るラインになります。その向こうはエベレストに通じています。

また、日本列島の三大構造線（中央構造線、赤石構造線、仏像構造線）は遠山郷木田で交わっています。

この地には不思議な謎がたくさん秘められています。白山とも繋がっています。わたしが居住する飯田市今宮町の奥に聳える風越山の山頂付近には、白山元神社が鎮座しています。

加賀の白山は717年（養老元年）に、修験者の泰澄が開いたわけですが、その1年後にはここに来ています。位置的にも白山の真南にあります。

白山神社はもう一社上久堅の権現岳にもあって、下条の権現岳と風越山を結ぶと三角形になって飯田を守っているのです。

そういう重要な地ですから、ここを綺麗に掃除し浄化しなければならないのです。

飯田、南信濃が崩壊すると日本は崩壊してしまいます。

青崩《あおくずれ》峠は、静岡県浜松市天竜区水窪町奥領家と長野県飯田市南信濃八重河内の間

にある標高1082メートルの峠ですが、ここで浜松を起点とする国道152号線の行く手は崩落により阻まれています。

昔はこの道が本道で、塩の道と呼ばれ、そのまま諏訪大社の前宮に通じていました。古い時代は前宮が諏訪の中心でその参道だったわけです。

いまの諏訪大社は春宮、秋宮が中心になっています。そこへ通じる国道20号線、つまり甲州街道の起点は半蔵門です。ですから明治以降の天皇家は春宮、秋宮と直結していたのです。徳川家は前宮と直結していました。

ミロクの世は掃除から

神の御言《みこと》聞く耳、早う掃除一番ぞ。掃除、千座、日月、日月、霊《たま》の神、岩元神の極み、魂の道、四十七の四十八。目にもの見せて、神国の誠の善は、悪魔まで、皆改め、動くの世と極むぞ。惟神《かんながら》ざぞ。

神の警告を聞く耳をもつ者は、早く掃除をすることが一番であると、掃除がここでも強調されています。千座に及ぶまで掃除することこそが、日月の神、魂の親神、岩の元神の究極の道であり、魂の道であると示されています。

目にもの見せて、神国の誠の善は、悪魔まで、皆改め、動くの世と極むぞ。惟神ざぞ。尖頭《せんとう》とく光れる山には山ぞ。富士に花咲く御代、嬉し嬉し、早うこの文字知らせたり。急ぐ心ぞ。世満ちよ。

「尖頭《せんとう》とく光れる山には山ぞ」「富士に花咲く」という表現で富士の噴火が告知されています。

その被害を最小限にとどめるよう、わたしたちは努力しなければなりません。そのためのキーは掃除です。

しかし、富士の爆発は定めであり、それは必ずしも悪いことではないことが、「嬉し嬉し」という言葉で示されています。
なぜならそれは、久しく栄える光の世界のはじまりだからです。

付録　浄化した神社仏閣

第1章で述べましたが、わたしは2010年1月に悟った時から、家に取り憑く地縛霊などが見えるようになり、妻の大学時代の友人である真言宗のお坊さんを頼って広島に行き、9カ月間修行しました。その修行を終え家に戻り、地縛霊2体を天使界に導きました。

それから筆者は全国の神社仏閣の浄化に取りかかりました。

浄化方法はさまざまです。チベットで製謹された線香を60本以上を使い、般若理趣経、観音経、舎利禮、般若心経を唱え、金剛界・胎蔵界の仏をすべて降ろしたり、あるいはチベット密教の金剛薩埵、蓮師如来を降ろしたりして浄化して参ります。

それぞれの聖地の浄化にはいろいろな思い出があります。

ある時、北条氏の末裔の方の依頼で、北条氏が滅びた東京都の八王子城跡を浄化して欲しいと依頼されました。到着した時は晴れていましたが、浄化の修法をはじめると雨が降りはじめ、雷が轟き、大雨になりました。

浄化が終了した頃にはカラッと晴れ上がったものです。その日は天気がよいと言われていたのに、東京都調布市に大量の雹《ひょう》が降ったそうです。

また沖縄では忘れがたいエピソードがありました。

久高島には2度訪れましたが、2回ともノロのトップの方2名が、まるで筆者が来る時を知っていたかのように、わたしが港に入る時、出る時においでになりました。

前世の記憶DNAが理解できると、すべてDNA通り動かされていることがよくわかります。筆者の母方の4代前の当主は、島津藩の島津斉彬と久光の側近だったようです。

筆者は、大手コンピューターメーカーのメンテナンス会社に入社し、銀行端末のATMを担当し、その最初の出張地が沖縄浦添にある沖縄銀行事務センターで、その後も何度となく沖縄銀行の各地の支店に派遣されました。

ＡＴＭでの業務では偽札をチェックする仕事がかなりの比重をしめていましたが、筆者がその業務に任ぜられたのは、薩摩藩が偽金を作っていた因縁によるものです。まさしく前世の記憶ＤＮＡ通り動かされていたのです。島の名前なども前世の記憶ＤＮＡ通りを反映した地名になっています。パイロット養成学校のある下地島は古代のＵＦＯの発着地点でした。また、鹿児島空港は他の日本とは異なり、山の中腹にあります。ここもＵＦＯの発着地点でした。

以下に参考までにわたしが浄化した主な神社仏閣、聖地を記しておきます。

源頼朝の首塚、鶴岡八幡宮はじめ鎌倉の主な神社・仏閣、神奈川県茅ヶ崎の厳島神社、空海が隠れて9年間修行した雨降山《あぶりさん》大山寺《おおやまでら》大山（大山不動）、大山阿夫利《あふり》神社（ここに秘密あり）、寒川神社（ここに秘密あり）、江ノ島神社、江ノ島大師、大磯の高麗神社、聖徳太子が貿易で使った川崎大師。

東京は多摩川浅間神社、自由が丘の熊野神社、九品仏《くほんぶつ》浄真寺、目黒不動尊、明治神宮、山王日枝神社、増上寺、靖国神社、水天宮、湯島天満宮、白山神社、神田明神、浅草寺（釈迦三尊像の本体は裏の寺にある）、府中の大国魂神社（ここに秘密あり）、日野市の高幡不動尊（高幡山明王院金剛寺）、北条家最後の城である八王子城跡、高尾山、某仙人が住んでいた檜原村（ここに秘密あり）。

秩父は三峰神社、宝登《ほど》山神社、秩父神社、千葉県市川市は葛飾八幡宮（ここに秘密あり）、白幡神社（ここに秘密あり）、北斗信仰の総本山である千葉市の千葉神社（ここに秘密あり）、日月神示ゆかりの千葉県佐倉市の真賀多《まがた》神社（ここに秘密あり）、成田山新勝寺、筑波山神社（ここに秘密あり）。

日光は東照宮、茨城県香取市の香取神宮、息栖《いきす》神社、鹿島市の鹿島神宮、竹内文書ゆかりの磯原は皇祖皇太神宮、関東、東北、中部地方に分布する白旗神社、ここが東に動くと関東大震災、西に動くと東南海地震に発展する足柄の金時山、箱根神社。

隠れキリシタン征伐に因縁ある埼玉県新座市の平林寺、甲斐は武田神社、武田勝頼が葬られた天目山、群馬の榛名神社、越後の彌彦神社、福井県敦賀市の氣比神社、富士山より凄い天母山、富士浅間神社。

長野は蘇我氏ゆかりの善光寺、諏訪湖、諏訪大社前宮、本宮、春宮、秋宮、守屋山、北斗神社、空海創建の神宮寺跡、岡谷市の藤島神社（ここに秘密あり）、洩矢神社（ここに秘密あり）、安曇野市、塩尻市、伊那市、豊丘村、飯田市一帯の白山神社（ここに秘密あり）。

長野県飯田市は郊戸《こうど》八幡宮（ここに秘密あり）、長姫神社、大宮諏訪神社、南信濃一帯の神社・仏閣、特に遠山郷、下栗の里、御池山隕石クレーター、八重河内一帯に鎮座する神社、ことわけては和田諏訪神社、八重河内正八幡社、南信濃の秘密を握る梅平正一八幡社、富士浅間神社、山住神社、秋葉神社、春埜《はるの》山大光寺、天龍村鎮座の神社仏閣、下伊那郡鎮座の神社仏閣、ことわけては第8代天皇に由来の阿智神社、南信濃の秘密を握る安布知《あふち》神社、新潟県長岡市鎮座の神社仏閣。

青森県は役行者ゆかりの、第8代孝元天皇のふるさと東日流（津軽）十三湖周辺の神社仏閣、ことわけては山王坊日吉神社、猿賀神社、洗磯崎神社、徐福の里なる熊野神社、モヤ山、オセドウ神明宮、十三湊遺跡、浜明神、高山稲荷神社、亀ケ岡遺跡、西の高野山とも呼ばれる弘法寺、十和田神社、、岩手県西磐井郡平泉町の藤原氏ゆかりの神社仏閣、山形県米沢、福島県会津若松の神社仏閣。

近畿地方は、奈良の大神神社をはじめ奈良7寺（大安寺、興福寺、薬師寺、東大寺、元興寺、西大寺、法隆寺）、浄瑠璃寺、当麻寺、天河弁財天、熊野三社（熊野本宮、熊野速玉大社、熊野那智大社）、十津川の玉置神社、伊勢神宮、椿大社、大阪浪速は難波宮跡、高津宮《こうづぐう》、敷津《しきつ》松之宮大国主神社、御津《みつ》八幡宮、生国魂神社、住吉大社、四天王寺、百舌鳥《もず》古墳群、百舌鳥八幡宮、石津神社、石津太神社、古市古墳群、名古屋は熱田神宮、吉野は高野山、淡路島はおのころ島神社、京都の神社仏閣、大江町天田の豊受大神社、丹後は元伊勢籠神社、その奥の院なる真名井神社。

中国四国地方は、瀬戸内海に浮かぶ大三島の大山祇神社（裏山三山の鷲ケ頭山・小見山・安神山に秘密あり）、出雲大社（実は裏の洞窟に6神が祭られる）、日御碕神社、比婆山（ここに秘密あり）、稲田神社、須佐神社、物部神社、石見銀山跡、鳥取県西伯郡大山《だいせん》中腹の大山寺、大神山《おおかみやま》神社、庄原の葦嶽山ピラミッド、神石《じんせき》高原、帝釈峡、厳島神社、大元神社、尾道市の神社仏閣、愛媛県今治の高野山今治別院、南光坊、別《べっ》宮《く》大山祇神社、海賊が通った来島《くるしま》海峡、村上水軍拠点、能島水軍拠点、因島水軍拠点、新居浜市は住友の本拠地別子銅山、別子大山積神社、波方町の木村新兵衛の墓、高松市の神社仏閣。四国88箇所は1番札所霊山寺から23番薬王寺まで徳島県23か所はお遍路をしながら浄化。

九州地方の薩摩を中心に鹿児島神社、西郷隆盛の南洲神社、島津家の照国神社、護国神社、城山公園の上側の展望台（ここに秘密あり）、島津家墓所、桜島、市来港（ここに秘密あり）、川内原発、指宿市、山川港（ここに秘密あり）、開聞岳北麓の枚聞《ひらきき》神社、トカラ列島南端の宝島（ここに秘密あり）、霧島神社、高千穂峡、熊本市は熊本城、水前寺公園、三池炭鉱、大宰府、熊本県阿蘇市の米塚、宗像大社沖津宮、中津宮、辺津宮。

沖縄本島は、尚一族の本拠地首里城、中城城《なかぐすくじょう》跡、裏の洞窟から久高島が望める斎場御嶽《せーふあーうたき》、ノロの本拠地久高《くだか》島、ひめゆりの洞窟、浦添《うらそえ》王朝の本拠地浦添城《ぐすく》、波《なみの》上宮《うえぐう》、海の都牧港《まきみなと》、豊見城《とよみぐすく》跡、具志川城《ぐしかわぐすく》跡、うるま市び及金武《きん》町の御嶽《うたき》、藪地島・浜比嘉島・平安座《へんざ》島・宮城島・伊計島の御嶽、ムー大陸残存島嶼の八重山諸島、人民界の神ユタ発生の島である大神島、ユタの本拠地でありムー大陸の時代にもっとも栄えた都があった宮古島、伊良部島、パイロット養成学校のある下地《しもじ》島、来間《くりま》島、池間島、霊能力の高いユタがいる石垣島、沖縄のふるさとともいうべき竹富島び及黒島、オニイトマキエイが遊泳する海流が流れる小浜《こはま》島、ムー大陸沈没時に都のあった与那国島。

あとがき

本書は、今年2月に出版社へ原稿を提出しましたが、その後、新型コロナウイルスの感染拡大とともに、手洗い、うがいを含む「掃除」の重要性が、社会的に認められるようになりました。そこで新たな情勢に対応し、さらにこれからの時代に必要な掃除の重要性が神の仕組みとして核心的に説かれている『日月神示』を重点的に各段に加えて書き直しました。

筆者は「日月神示の掃除」を、2010年1月から日本、世界各地で実践して参りました。皆さまと、これからも「掃除の実践」を通して、ミロクの世へ共に歩んで参りたいと思います。

最後に、この本を書くにあたり友人である故荒井俊治氏、中本進氏、内村氏、妻、出版社の方々の多大なるアドバイスがありました。感謝の意をここに表します。

皆さまが、本書を熟読され実践すれば、日本・世界に平和な日々が訪れることは間違いありません。

なお、最後に挙げました浄化地の中にもＵＦＯの発着地点が数多く含まれています。

著者　蓮《はす》尾《お》尚信《たかとし》　　僧名 覚浄《かくじよう》

1955年大阪生まれ。コンピューター技術者として大手コンピューターメーカーに30年以上勤務。退職後、真言宗高野山南院で得度。さらにチベット密教の研鑽を積み、2002年より気功法の修練を開始し達人の域に達す。2010年1月に悟りを得て家に憑依する地縛霊を霊視したことを契機に広島の某密教道場で改めて修行し、地縛霊を天使界に送る力を得る。その後、全国の神社、仏閣、聖地を巡拝し浄化、また世界各地を巡り気功法を応用したダンスを披露し好評を博す。2014年7月31日、奈良の大神神社の神に召命、さらに同年9月27日の木曽御岳山の爆発を契機に故荒井俊治氏の導きで『日月神示』と出会い、日本列島救済のための「南信濃神業」に入り、南信濃八重河内梅平、下伊那郡阿智村浪合、飯田市と移り住み現在に至る。

著書『誰もがみんなハッピーライフクリエイター』(2012)、『ハッピーライフクリエイターたちの楽しい過ごし方』(2014・コレクションインターナショナル) 等。かつて『東京スポーツ』『USウィークリー・ビズ』にコラムを掲載し、「ラジオ日本」にパーソナリティーとして出演していたこともある。

日月神示と新型コロナウイルスが告げる
ミロクの世は掃除から

2020年7月6日　　初版第1刷発行

著　者　　蓮尾《はすお》　尚信《たかとし》

発行所　　今日《こんにち》の話題社《わだいしや》
東京都品川区平塚2-1-16　KKビル5F
TEL 03-3782-5231　FAX 03-3785-0882

印　刷　　平文社
製　本　　難波製本

ISBN978-4-87565-652-4　C0011